世間心理学ことはじめ

中村陽吉［著］

東京大学出版会

Introduction to the Seken Psychology
Hiyoshi NAKAMURA
University of Tokyo Press, 2011
ISBN 978-4-13-011133-1

はじめに――「世間心理学」とは

A　君は本当に「世間知らず」だな！

B　そう言うけど、「世間」ってなんなのかな？　この間も、親父が俺の髪の色を見て、世間体が悪いなんて言うから、「世間体」ってなんだ？　と聞いたら、世間への体裁だってさ。だから、世間はどっちのほうにあるの？　そっちのほうに向けてカッコつけるからって言ったら、馬鹿野郎って怒鳴られただけで、結局世間ってナニか、ドコにあるのか、ダレなのか、全然わからなかったよ。

A　多分ね、われわれの親・兄弟・友人・同僚・隣近所の人たち・マスコミなど、そのことにかかわりのありそうな人たちが、かなり一致して言ったり、考えたり、行ったりしているらしいことを、われわれが察して、一人ひとりがそこに世間があるというか、世間からの働きかけを感じ取っているのじゃないかな。よくわからないけど。

B　要するに、君だって全然わかっていないんじゃないか。俺に向かって世間知らずなどと偉そうに言ってほしくないね。

「世間」について改めて取り上げて、その心理面を考えてみたいなどと言うと、多分、なんでいまさら世間なのか、なんで改めて「世間心理学」などを研究するのか、と不思議がられるでしょう。このインターネット全盛の時代に世間についての本を書いても、それこそ世間が相手にしてくれないでしょうと言われてしまいます。要するに世間は out-of-date だというわけです。そうは言っても、人々の現代の生活の中で本当に世間は消えてしまったのでしょうか？　もう少し考えてみましょう。

たとえば、政治の世界では、いわゆる世論調査の結果の数字で示された世間の動向に一喜一憂して、総理大臣が辞意などを表明し、サッカーワールドカップの日本代表チームの監督は、本戦への出場前の数試合に負け続けると、マス・メディアが交代論などを述べ、自身も辞意をもらしたりするのです。ところが、世論調査の数字が示す内閣支持率が上昇すると総理もたちまち強気に転じるし、サッカーも一六強入りと思いもかけず健闘すると、世間中が監督や選手を英雄扱いし、監督も四年後のことまで口走ったりもするのです。このような現代の社会の動きを見ていると、人々はマス・メディアの論調や世論調査の結果に現れた数字の背後に、依然として昔と変わらない世間の動向を感じ取って、その動向に翻弄されているようにも思えるのですが、いかがなものでしょうか？

外国で「世間」は？

本書では世間心理学についていろいろ考えてみたいのですが、その第一歩として、世間と呼ばれる感覚は日本独自のものなのか、似たような感覚は欧米でも存在するのかが気にかかり、まずは和英辞典や和独辞典などで「世間」に該当する語が収録されているかを見たところ、英語では“the world”、独語では“Welt”あるいは“Leute”が当てられていました。ですから、欧米でも世間という感覚が皆無ではないのでしょうが、日本のように、世界とか大衆とかの表現とは別に、特に「世間」という表現を用いてはいないようなのです。それに、「世間心理学」を“the world psychology”では、まるで世界心理学のようになってしまうので、この本では、「世間」を“the seken”と表示し、そして「世間心理学」すなわち“the seken psychology”についての考察を進めてみたいと思います。

世間については、「世の中」と同義の形で、遠く万葉の時代から用いられてきたようです。江戸時代でも歌舞伎の「世話物」などは世間のことを取り上げていたのでしょうし、明治以降でも多くの論評や小説などで取り上げられてきたのですが、なぜか心理学の世界では、世間を正面から対象にした研究や評論が皆無に近い状態なのです。すでに社会史あるいは社会心理史の面からの著作は数冊ありますが、「世間心理学」という表題の著作ということになると、寡聞にしてその存在を確認しておりません。ですから、まだ材料不足で十分な考察はできないので、ほんの序の口の範囲を出ないのですが、まずは『世間心理学ことはじめ（*Introduction to the Seken Psychology*）』という形で、第一歩を踏み出してみたいと思います。

個人の中の「私」と「自己」

人々の生活の中で、いわゆる「世間」が話題になるのは、その人々が、ほかの人たちとの日常のつき合いとか、それらの人たちが形成している様々な「集団（group）」の中などで体験する心理・社会的な接触場面においてでしょう。言葉を換えれば、世間についてのことがクローズ・アップされるのは人々の「社会生活（social life）」場面においてなのです。そして、実際に世間を意識するのは、その社会生活をしている人々の一人ひとりなのです。ですから、世間の心理・社会的な働きが具体的に現れるのは、「個人（individuality）」（個々の人々）にとっては、その社会生活の中でのことなのです。そして、本書では、それぞれの個人がそれぞれの社会生活場面内で体験する「世間心理」について、心理学の視点から接近してみたいのですが、ここで気をつけなければならないのは、個人と呼んだものの中にはたくさんの違った呼び方の言葉が含まれているということです。たとえば、一人称としての「私」「自分」、二人称としての「君」「あなた」、三人称としての「彼」「彼女」などがあるでしょう。このような日常的な用語のほかに、特に個人の自分自身を強調した表現では「自我」とか「自己」とかがよく用いられているようです。英語では一人称の「私」や「自分」に当たるものが〝I（アイ）〟なのですが、「自我」や「自己」には〝ｅｇｏ（エゴ）〟や〝ｓｅｌｆ（セルフ）〟が当てられています。そして、臨床心理関係ではエゴがよく用いられているようですが、社会心理関係ではセルフのほうが主流のようです。これは単なる表現の違いではなく、エゴは個人の心理的中枢や深層とも言うべき働きに注目しているのに比して、セルフは個人がとらえた自分自身の姿（考えたり、語ったり、行ったり、外部に向けて表出したりしている様子）を指すことが多いのです。

本書の場合、個人が自分自身の状態に注目してとらえた姿とか、外部に表出している自身の姿などを指すもの（概念）として「自己（self）」を当てることにしたいと思います。言葉を換えれば、個人の状態や働きなどを具体的に表すための「代理人（agency）」の役目を担っているものとしてとらえておきたいのです。このように個人と「自己」との関係をとらえると、個人の側には、「自己」に個人の働きを代理的に果たさせている、もっと主体的な働きを担当しているものが存在しているのではないかと考えたくなります。そこで、前述の表現で言えば「自我」に当たるものに近いのですが、深層や無意識の世界に目を向けるというよりは、人々が個人としての特徴を生み出し、「自己」の中にその働きを反映させている心理・社会的働き（機能）、表現を換えれば、個人としての特徴を主体的に（自分なりに）果たしている機能が存在すると仮定して、それを「私《わたくし》（〝I〟）」と名づけて、代理人である「自己」と区別したいと思います。

「私」は個人の心理・社会的機能において「主体的役割（principal role）」を担当し、具体的にはその代理人である「自己」を介して自身とも、外部とも接触し、交流しているのです。そして、先に述べたように、個人の中で、「私」はあくまでも主体的役割を担っているものとして、心理・社会的に存在しているに違いないと仮に定めている概念なので、具体的に「実体（actual entity）」としてとらえることはできませんが、その働きは実際にとらえることができるので、「実態（actual state and function）」として把握できる概念なのです。それに引き換え、「自己」については、その存在は具体的に身体的表現とか音声などのような実体としても、また、内面的に思考したり記憶したりする心理的働きの表出されたものとしての実態としても、外部の人たちにも「私」自身にも把握可能な現象を表す概念として用いていきたいと考えています。

社会の中の「世間」と「他者」

次には世間心理学のもう一方の主役である「世間」について考えてみましょう。先にも触れたように、個人が体験する様々な世間的な出来事など（世間心理現象）はそれぞれの個人がその社会生活の中で体験するものなので、「世間」という言葉は結構頻繁に用いられています。様々な小説や日常の新聞や雑誌の記事などでたびたびお目にかかります。たとえば、朝日新聞では、二〇〇九年の五月から七月までの間に「世間」についての記事は八回も登場しているのです。その後も、少なくとも年に数回ぐらいは「世間」関連の記事が取り上げられています。それでいながら、「世間」とはなんですかと問われると、一向にはっきりしません。「世間」はどこにあるのか？ 「世間」はどんな形をしているのか？ などと聞かれても、返事のしようもないのです。言葉を換えれば、「世間」は実体を伴わない概念なのです。それでいながら、個人はいろいろな場面で「世間」からの働きかけを体験するのです。たとえば、最初に挙げた例話のように、〝君は「世間知らず」だ〟と批判されたりするのです。要するに、「世間」は実体を伴わないけれど、心理・社会的な働きを実態としてはとらえられる概念なのです。それでは、なぜ、実体のない「世間」が個人と心理・社会的に働き合えるのかと言えば、その「世間」からの働きかけを仲介して個人に伝達する役目を担っている存在があるからなのです。具体的には、その個人にとって親兄弟、親類縁者、近隣の人々、友人、職場の上司や同僚、周辺にいる他人、マス・メディアなどが、「世間」の意向を代弁して個人に伝えているからなのです。このような役割を担っている存在を、個人にとっての「他者（others）」と呼んでおきます。このように、「世間」の働きかけの「代弁者（speaker for the seken）」の役割を果たす「他者」は、具体的に実体を伴った存在であり、個人に強い影響を与える点で、実態としてもとらえることができるものという概念として用いていくことにします。

「世間心理学」の主役たち

このように考えてくると、「世間心理学」において主な役割を果たすために登場する概念は、個人の側では「私」と「自己」、社会生活の側では「世間」と「他者」の、計四概念なのです。この四者のそれぞれについても、また、それらの相互作用のあり方などについても以下の各部各章などで分析、考察を進めていきたいのですが、出発に当たって強調しておきたいのは、この四概念のうち、実体としてもとらえることが可能なのは「自己」と「他者」だけであって、「私」と「世間」とはその働きは実態として把握できるけれども、具体的な実体を伴う形ではとらえられない概念だということです。ですから、「世間」対「私」の心理・社会的関係を具体的に外側から観察できるのは、「自己」と「他者」との交流場面なのです。しかし、心理的には、「私」は「自己」の具体的な言動や思考などの状況を観察して、具合の悪いところは修正したり隠蔽したりするでしょうし、望ましいところはますます磨きをかけるでしょう。また、「世間」はいわゆる世の中一般の規範とか常識、希望や要求などという形で自らの意向を個人に伝える役目を担っているのですが、直接具体的な形で「私」に接することができないので、その意向を代弁者である「他者」を介して伝達するのですが、「他者」が正確に「世間」の意向を個人に伝達しているとは限りません。その「世間」の意向を「他者」自身が理解した形で個人に伝達しているのです。しかも、「他者」が具体的に交流できるのは個人の中での具体的存在である「自己」なのです。そして、「自己」も「他者」から伝達された内容を自己流に理解し、解釈するでしょう。ですから、主体である「私」は「世間」からの意向を、代弁者である「他者」の意向と自らの代理者である「自己」の意向とで脚色された形で受け取るのです。

このようなことを前提として、第Ⅰ部以降では、個人の主体である「私」と社会生活側の主体である「世間」との心理・社会的交流のあり方を分析して、一般に言われているような「世間」の負の側面の克服の可能性を探ることができればと思っていますが、主役である「世間」概念がこのように不分明のままでは、隔靴掻痒の感が残るので、出発に当たって、おぼろげながらでも「世間」という概念の輪郭だけでも描いておくことにしましょう。

「世間」とはこんなもの

「世間（the seken）」と表現しているものは、実体としてはとらえられないが、個々の人々によって身近な社会生活場面でなんらかの規範や常識や特定の立場のサンプルとして受け取られ、その規範や立場をもとにして、個人の人格や態度や言動などを賞賛したり批判したり、促進させたり抑制を加えようとしたり、さらには、仲間として受け容れたり排斥したりというような働きかけを、代弁者である「他者」を介して、しかも個人の代理人である「自己」を通じて行うものであり、その過程を経て個人の主体である「私」と心理・社会的に交流する働きを、「実態」として実現している機能のことであり、その心理・社会的機能の支え手として漠然とした多数の存在を仮定している概念である。

目次

目次

目　次

第Ⅰ部　「私」と「世間」と心理学

「はじめに」で触れたように、個人における「私」と「自己」、社会生活場面における「世間」と「他者」との交流の中で、個人の側で主体的役割を果たしている部分が「私」なのです。社会生活場面の中で、「世間」のあり方や「世間」からの働きかけなどを様々な形で認知したり、それへの感情を抱いたりしながら、その「世間」とのお互いのやり取り（「相互作用（interaction）」）を代理人としての「自己」を介して行うのが「私」でしょう。そして、「私」は実体を伴わないのですが、このような働き（機能）は実態として存在すると仮定されているので、その「私」が同様に実体を伴わない「世間」の存在を意識したり認知したりしてこそ、「私」と「世間」との心理・社会的機能が有効になるのではないでしょうか。つまり、個人内の「私」と社会生活場面での「世間」との間で、心理的にも社会的にも交流が具体化するのは、結局、「私」の主体的働きによるものとの前提に立って論を進めたいので、この第Ⅰ部では、このような前提を置くことの根拠となるのではないかと思われることについて考えてみたいと思います。具体的には、「世間」とその代弁者である「他者」との関係も含めて世間心理学の視点から「世間」を描いて、次に個人における「私」とその代理者である「自己」との関係に触れ、そして、「自己」と「他者」とを仲介にして成り立っている「私」と「世間」との関係について考えることなどを、順次取り上げてみます。

第1章 「世間」と世間心理学

「私」は、具体的にはどのような現象や機能に接した時に、「世間」の存在を認知したり感じたりするのでしょうか？　「はじめに」で仮に描いた「世間」という概念の定義のようなものを念頭に置きながら、従来用いられていた「世間」のとらえ方から出発して、個人に生活の場を提供している社会生活場面の中で中心的概念である「社会（society）」と「世間」との異同について触れ、さらにもう一歩進めて、従来の「社会心理学（social psychology）」とか「集団心理学（group psychology）」と「世間心理学」との関係についても入り口程度の考察をしてみましょう。

1　従来の「世間」観

日常よく使われている「世間」には、いろいろな用法があるようです。たとえば、「世間の目」とか「世間の声」などでは、いわゆる世論（輿論のほうが本来だと思いますが、ここでは、世の中一般の大方の見方ぐらいの意味で、世論を用いておきます）の意味合いが強いようですし、「世間の決まり」とか「世間並み」と言う場合は、世の中での規律や標準とか常識や道徳のような意味合いで用いられているのでしょう。また、「世間では」と言えば、「世の中一般では」とほとんど同じニュアンスでしょう。それでいながら、特に「世間」という表現を用いる場合は、単に世論とか常識などの記述にとどまらないで、「世間」から対象となる人々への心理・社会的機能（たとえば、批判とか排斥など）を強調したい意味合いを含んでいるように思われます。

辞典での「世間」

ところで、日常語としての「世間」がどのような意味合いで用いられているかを知るには、世間で広く用いられている日本語についての辞書に頼るのが常道でしょう。そこで、手元にあった『広辞苑』[*4]を紐解いてみますと、次のような五つの用法が紹介されていました。「1（仏）イ――有情の生活する境界。衆生世間。……ロ――有漏法の異称。……2――天地の間。あたり一帯。……3――人の世。人生。……4――世の中の人々。同じ社会を形成する人々。……5――暮らし向き。身代。財産」。このような用法が過去にあったことが、事例をつけて（省略した部分）述べられているのですが、まとめてみると、生活の場であり、生活している人々であり、その人たちの暮らし向きを指しているようです。同様に、ほかのいくつかの書肆発行の辞典でも、人々の集まり、生活の場、交わりの範囲、生活の手段、身代などを意味する言葉として解説してありました。

このような従来からの日常的用法では、人々の環境であったり、その環境を構成している人々であったり、その人々によるその環境内での生活状態であったりを指しているのですが、「はじめに」の最後のところで筆者が描いた世間像とは、受け取る印象としては、多少異なっているように思われます。どこが基本的に異なっているかと言えば、『広辞苑』などで紹介されている「世間」の用法には、「世間」に含まれている人々への心理・社会的機能面が欠落していることなのです。先にも触れたように、一般に、世間で用いられている「世間」という概念は、その中に生活する人々の日常生活への様々な働きかけと同時に、人々が働きかけられていると意識する機能を含んでいるのではないでしょうか。同じ『広辞苑』[*4]で「世間」関連の用語として挙げられているものを少し拾ってみると、「世間ずれ」「世間魂」「世間体」など、人々が行う「世間」からの働きかけへの対応の仕方を表現しているものに触れているにもかかわらず、先ほどの説明ではこの面が欠けているように思われるのです。一方、本書では、「世間」を心理・社会的側面（特に心理的側面）に重点を置いてとらえようとしているので、まず、社会心理学からの「世間」のとらえ方を探ってみることが必要でしょう。

社会心理学での「世間」

「はじめに」でも触れましたが、和英辞典などでは「世間」に当たる英語としては "the world" とされています。[*2] そこで、日本でも多く利用されている二冊の社会心理学のテキスト[4][11]において "the world" に該当する表現があるかを探してみたのですが、見当たりませんでした。ただ、E・アロンソンほか編集のもの[4]では、第3章の表題の副題の中に "the social world" という表現があり、D・R・フォーシスのもの[11]ではテキストの表題が "*Our social world*" となっていましたが、いずれの場合も、“social world”という表現には改めての言及がありませんので、“the world”との関係は定かではありません。

それでは、日本における「社会心理学」関係のテキストや辞典では世間をどのように扱っているでしょうか。社会心理学における二冊の小辞典を取り上げてみましょう。まず、『社会心理学用語辞典』[*3]では、「世間」という項目はなくて、「世間体」という項目のみが取り上げられており、「世間に対する体面・体裁、見え」として周辺の話題を紹介していますが、「世間」については井上忠司[12]の定義を紹介しているだけでした。この井上の定義については後述します。また、『社会心理学小辞典』[*1]でもやはり「世間」自体は単独の項目としては取り上げず、「世間体」を項目としており、「行為者が自己の準拠集団を世間に設定するとき、そこでの自己の社会的評価をいう」として、「世間」そのものについてはこの項目の中で「自分と何らかの関わりを持つ範囲内での社会を指す」と簡潔な定義をしているだけでした。また、いわゆる社会心理学の概説書、たとえば、『社会心理学パースペクティブ』[8]全3巻においても、事項索引に「世間」関連の項目は一つも見出せませんし、そのほかのテキスト類でも、調べた範囲では「世間」という項目に触れているものは一冊もありませんでした。

「世間」関連の先行研究

「社会科学（social science）」あるいは社会評論的な著作に目を広げますと、一九〇〇年以降でも、小説や日常的評論では「世間」に触れているものは枚挙に暇がないのですが、学問的方向からの世間論は意外に少ないように思われます。

二〇世紀の前半では、和辻哲郎[32]の著作において、「最も日常的な現象として、日本人は『家』を『うち』として把握している。家の外の世間が『そと』である」（一四四頁）という一文が目につきました。このような世間観は先に触れた井上[12]論文に同様の趣旨を見ることができるので、二〇世紀後半では最も刺激的な「世間体」を主題にした社会心理史的考察である、その論文について考えてみたいと思います。井上は主題である「世間体」を論じる前提として、「世間」という用語の概念や使い方について古今の文献を幅広く渉猟して、その変遷を社会心理的に考察しています。そして、世間や世間体について論じる場合の中心的概念として「準拠集団（reference group）」を取り上げています。

なお、この準拠集団という概念は、関係集団とか参照集団などとも呼ばれており、人々（個々人）が自らの判断のよりどころとする集団のことで、成員として所属している場合の「成員性集団（membership group）」（所属集団とも訳されます）と対比的に用いられていることが多いのです。成員性あるいは所属集団という場合は、その集団を形成する成員として人々が参加している集団なのですが、所属している人々が必ずしもその集団を自らの判断のよりどころとしているとは限りません。他方、準拠集団の場合は人々が自らの考え方とか言動の妥当性を保証するためのよりどころとして採用している集団を指す概念であって、その人々がその集団の成員であるか否かは問われないのです。

再び井上[12]論文に戻りますが、彼は「『世間』は個人のがわからみれば、わが国の人々に特有な、一種の『準拠集団』である、と私は考える」というのです。そして、人々にとって「セケン」を構成し

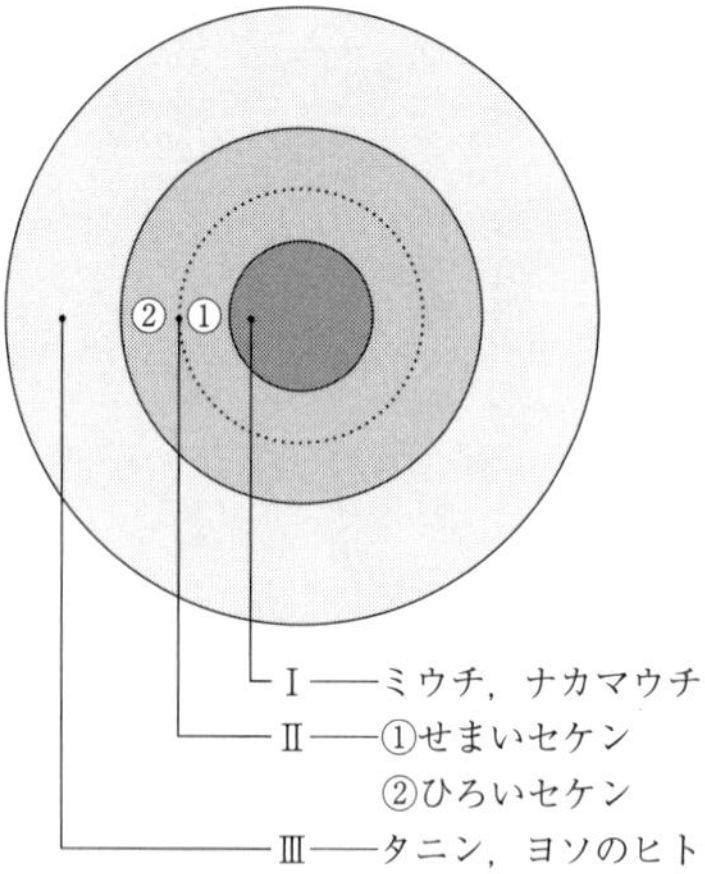

図1-1 井上[12]による準拠集団としての「世間」

ているのは、その人たちにとって特に近しい人々（たとえば、家族とか親友などのいわゆる「ミウチ」）などではなく、また、まったく見知らない無関係な人々（いわゆる「タニン」）でもなくて、心理・社会的に無関係ではないけれど直接的に強い関係を持つほどではない人々なのではないかと主張しています。そして、このような領域分けは中根千枝[21]による三つのカテゴリー（仲間、知り合い、他人）を参考にしながら、セケンは仲間や他人の一部を含んだ「知り合い」の領域あたりにあるものと考えているようです。要するに、いわゆる知り合い程度の人々を中心に、ときには仲間や他人をも含めて、その所属性よりも準拠性を重視した中間的領域にセケンの存在を認めているのでしょう。ですから、ミウチとセケンとタニンとの構造上の関係は図1-1のように表現されています。そして、「人はいったい、どこから『世間』とよび、どこまでを『世間』とよぶのであろうか。そのテリトリーを規定するものは、客観的に存在するところの規準ではけっしてない。それはきまって、私たち個々人の主観のがわにあるからだ。『世間』はいきおい、漠然とした、あいまいなものにならざるをえないであろう。きびしくいえば、個人の数だけ『世間』があるということにすら、なりかねない。にもかかわらず、『準拠集団』としての『世間』に着目するとき、そこにはおのずから、『世間』は一定の構造を持っていることが知られるのである[12]」と述べています。

もう一冊、社会科学的というか、社会評論的な論述として、阿部謹也[1]のものを取り上げてみましょう。彼は文学や宗教の分野に着目して、広範に「世間」の使われ方を検討しているのですが、その出発に当たり、いわゆる作業仮説（仮に定めた定義や約束事など）として、「世間とは個人個人を結ぶ関係の環であり、会則や定款はないが、個人個人を強固な絆で結び付けている。しかし、個人が自分からすすんで世間をつくるわけではない。何となく、自分の位置がそこにあるものとして生きている。（改行）世間には形をもつものと形をもたないものがある。……本書においては、主として形をもたない『世間』について考えてみたい」と述べています。

このように、紹介してきた井上論文とこの阿部論文とに共通していることは、「世間とは、実体がはっきりしないものだが、個人にとって準拠集団であったり、関係を結ぶ環であったりするもの」ととらえている点なのです。そして、この点は、「はじめに」で筆者が、「世間」とは個人への心理社会的働きかけを行うものではあるけれど、どこにあるかとか、どんな形をしているかはとらえようがない（実体がない）概念ととらえていることとも共通の見方だと思えます。

個々の人にとって「世間」とは、その存在をしばしば意識しながらも具体的な姿をとらえることができないものであり、多くの場合、ほかの人たちからその働きを伝えられることでその存在を知ったり、感じたりするのであって、そこに行くこともできないし、触ることもできないものなのです。それでいながら、「世間の目」を意識したり、「世間体」を取り繕ったりするのです。

2　「社会」と「世間」

「はじめに」でも触れたように、人々の生活において「世間」が話題になるのは、その人々の社会生活場面においてなのですが、それでは「世間」と「社会」とはどのような関係にあるのかとか、「社会」とはなにかなどについてはほとんど触れていませんでした。人々が体験する世間現象は社会生活の中で生起していると言った場合、その社会生活が営まれている「社会（society）」とはいかなるものなのでしょうか？

「社会」と「世間」とは同じものなのか？

そこで、「世間」の定義の場合と同様に、まずもって手元にある『広辞苑』[*4]における「社会」についての解説を見ると、「……あらゆる形態の人間の集団的生活をいう。家族・村落・ギルド・教会・群集・階級・国家・会社・政党などはその主要な形態で、自然的に発生した集団と、人為的に特定の利害目的などに基づいて作られるものとがあり……」というものでした。このように「社会」という概念の特徴は具体的な組織体の集まりとしてとらえられているのですが、前節で取り上げた「世間」については、人の世とか暮らし向きなど、抽象的な生活様式に着目した概念としてとらえられているように思われます。「社会」についてはは家族とか政党などと具体的内容が挙げられているのですが、「世間」についてはは生活様式の具体的内容は挙げられていないのです。この含意を展開すれば、「社会」としての具体的な枠組みの中に「世間」としての生活があるということになるでしょう。

ところで、前節でも引用した阿部(1)が、その著作の序章の中で、「世間」と「社会」との相違点について、「私たちの誰もが世間という言葉を使っている。世間を知らない大人は一人もいないのである。それにもかかわらず世間とは何かと聞けばきちんと答えられる人はいない。世間について研究した人もほとんどいないのである。世間と社会と同じものだと考えている人もいるらしい。しかし、世間は社会とは違う。……西欧の歴史的背景の中で生み出されたかなり抽象的なものであり、世間が持っているような具体性を欠いている。（改行）西欧では社会というとき、個人が前提となる。個人は譲り渡すことのできない尊厳をもっているとされており、その個人が集まって社会をつくるとみなされている。したがって個人の意思に基づいてその社会のあり方が決まるのであって、社会をつくりあげている最終的な単位として個人があると理解されている。日本ではいまだ個人に尊厳があるということは十分に認められているわけではない。しかも世間は個人の意思によってつくられ、個人の意思でそのあり方が決まるとは考えられていない。世間は所与とみなされているのである」と述べています。

「社会」と「世間」とを比較する二つの視点

阿部(1)による、このような「社会」と「世間」との比較には、二つの主要な指摘が含まれているように思われます。一つは人々の生活から見ての抽象性と具体性の違いについてであり、もう一つは両者における個人の尊厳の違いについてです。「社会」という概念は人々が都合上考え出し、作り上げたもので、具体的な働きを伴わないが、「世間」は日々人々の生活に影響している点で具体的な働きを伴っているし、「社会」はあくまでもそれを作り上げた個々の人々が中心であるけれど、「世間」の中にいる人々は自らの意思にかかわりなく世間を与えられた存在なのではないかというわけです。このような主張は前述の『広辞苑』[*4]による解説とは、「社会」と「世間」の具体性についての見解がずれているようです。阿部の主張と『広辞苑』での解説の論調との違いは、基本的には両者の視点の違いが生み出しているのでしょう。阿部論文が「社会」や「世間」からの人々への心理・社会的働きというか機能に注目しているのに対して、『広辞苑』の解説では、両者の構造や様態に重点を置いているからなのではないでしょうか。ですから、両者の視点のズレを調整すれば、個々の人々への機能面では「社会」より「世間」のほうが具体性を持つのですが、構造的には、「世間」より「社会」のほうがはるかに具体性を持っているということになるでしょう。

また、個人の尊厳についても、阿部の指摘[(1)]によれば、「社会」は古くから人々がその生活を円滑に運営していくための都合上構成してきたものであり、個々の人々があっての「社会」なのですが、「世間」の場合は人々の意図の有無にかかわりなく、いつとはなしに個々の人々は「世間」に巻き込まれているので、個人にとっては「世間」は所与のものということになります。しかしながら、いまや「社会」は個人の意思を超えて、その欲求や感情とは独立に働いている面があり、個人の尊厳の影が極めて薄くなっているようです。それに引き換え、「世間」ではその意向を代弁する「他者」と個々の人々との生々しい心理・社会的交流の中で、個人は「世間」に対して世間体を取り繕ったり、反発したり、無視したりして、個人としての「私」の主体性を精一杯発揮しているのではないでしょうか。

もう一つの視点

これらのほかにも、社会と世間との機能的関係で、もう一つ触れておきたいことは、「社会」と「世間」における「情報処理過程（information processing process）」についてなのです。各種のマス・メディアによって、人々の生活には大量の、しかも広範な情報が提供されています。国際問題とか政治・経済問題など、いわゆる「社会的情報」は国家のありようにも影響するほど大きな話題である場合が多いはずなのですが、国民の一人ひとり（個人）にとっては、日々の生活への影響は間接的で、強い関心を惹くこともなく過ぎてしまうことも稀ではないでしょう。ところが、個人の生活に身近な情報がマス・メディアのみならず、いわゆる口コミなどで伝えられると、その世間的内容は人々の関心を強く惹きつけ、日常の言動にまで影響をもたらすのです。「社会的情報」も「世間的情報」へと処理されて、初めて「個人」の生活に直接的に影響するようになる場合が多いのではないでしょうか。ギリシャでの経済危機についての情報は、日本の経済事情と無縁ではないのですが、日々の個々人の生活への影響はつかまえにくく、人々の関心を強く惹くには至りません。一方で、お隣のご主人が会社からギリシャに派遣されていたのが、ギリシャでの会社営業が行き詰まって引き揚げてきたので、やっと家族一緒に生活できると奥様が喜んでいた、という口コミ情報によって、やっとギリシャの経済不況が現実味を帯びて受け取られるのです。

要するに、「社会」は人々の生活全般を中に飲み込み、個々人の基本的生活への影響が小さくはないのですが、間接的で具体性に欠けているのです。しかし、その形態的内容は各種組織体や様々な法令・規約など、極めて具体的に把握されます。他方、「世間」は社会生活の中で生起する極めて具体的な内容を伴って作用します。しかし、その形態的内容は全く把握困難なのです。

3　「社会心理学」から「世間心理学」へ

本書では、「世間心理学」について考えてみることを主要な目的としています。そして、前節で取り上げたように、「世間」と極めて用法というか意味合いが類似している概念としての「社会」との違いや共通点などについて述べましたので、その「社会」における心理的傾向を研究している「社会心理学」と「世間」の心理・社会的現象とのかかわりについても少し触れておきたいと思います。

これまでに、「世間」「世間論」の貴重な先達として引用してきた文献のうち、井上[12]の場合は、副題に社会心理史とあることでもわかるように、歴史学的・社会心理学的傾向が強いように受け取れます。第1節でも述べたし、井上も指摘しているように、日本でも欧米でも「世間」を正面から取り上げている心理学書は皆無に近い状態なので、もう一度、井上による世間についての社会心理学的分析のいくつかの側面を取り上げることから始めてみましょう。

「世間」の準拠集団機能

井上による「世間」論における最も社会心理学（ないしは集団心理学）的な主要概念は準拠集団であることはすでに第1節で述べましたが、そのほかには、井上の場合、主眼が「世間体」なので、「恥（shame）」や「羞恥心（shyness）」の問題が大きく取り上げられています。この恥や羞恥心と「世間」とのかかわりについては、「世間」の心理的機能への個人の対応の問題なので後述することにして、ここでは「世間」の準拠集団としての働きについて考えてみましょう。

すでに引用したように、井上(12)はミウチとタニンとの中間領域に「セケン」が存在すると述べて、「ミウチ」、たとえば家族とか親友との間では様々な言動の基準などをいちいち気にしないで済むので「ミウチの恥にフタ」であるし、「タニン」、たとえば未知の人や無関係の人との間では心理・社会的な関係が生じていないので「旅の恥はかき捨て」であり、いずれも準拠集団としての機能はクローズ・アップされないと言うのです。日常の言動の規律的・道徳的・人間関係的・義理人情的な面で最も準拠すべき基準は、ミウチとタニンとの中間的な心理・社会的関係の所在領域である「セケン」にこそ存在していると考えているのです。これが井上の言う世間の準拠集団機能なのです。

「集団圧」の実験

さて、この井上[12]による「世間」の準拠集団説と、従来の社会心理学（集団心理学）における研究状況との関係を、古典的・代表的・実験社会心理学的研究であるS・E・アッシュ[5]の実験を例として検討してみましょう。

この実験研究は、「集団圧（group pressure）」の「同調（conformity）」への効果を検討しているのですが、実験の内容については筆者[20]の別の著作にならって簡単に紹介したものを、コラムという形で掲載しておきます。実験場面（コラムの図B）では、本当の被験者が一人で、あとはサクラ数人の場面なのですが、読者の皆さんもどの人が本当の被験者であるのかが表情を見ただけですぐわかったのではないでしょうか。なぜ自らの判断だけがほかの人たちと異なるのかに深刻に悩んでいる表情ですね。さて、この実験における集団場面の特徴を分析してみますと、実験者以外の人たち（サクラと被験者）はお互いに初対面ですが、コラムの図Aの標準刺激（左）と同じ長さの棒が変化刺激（右）の中のどれかを、それぞれが独自に判断するという仕事のために集まっているのです。もちろんサクラ役の人たちは、予め実験者から誤答をするように頼まれてはいますが、本当の被験者にとっては、ほかの人たちも自分と同じようにそれぞれが独自に正しいと思う判断をしているものと受け取っているのです。

コラム　知覚判断の歪曲に及ぼす集団圧の効果

アッシュ[5]は図Ａのような刺激を用いて、左側の標準刺激と同じ長さの棒を、右側の変化刺激として三本ずつ呈示される棒の中から見出すことを被験者に求めた。変化刺激は全部で一八枚用いる。正答は極めて明瞭であるから、被験者が個人状況で判断したときの誤答の出現頻度の平均は三八名の被験者でわずかに〇・〇八であったという。ところが、「正規の被験者（naive subject）」一名に対して「実験補助者（いわゆるサクラ――confederate）」を数名配して、一八枚の変化刺激のうち一二枚についてはサクラは一致して二番目に長い棒を正答であると誤った判断（正しい答は、一番長い棒）をしてみせる。ただし、残りの六枚については一致して正しい判断を下す（この六枚の出現順位は無作為）。サクラが誤判断を下す一二枚の変化刺激のうち、六枚以上でサクラの判断に引きずられて誤判断をした被験者は、五〇名中三八パーセントに及んだという。それでも、最後まで正答を守り通した被験者も二五パーセントぐらいはいたのだが、彼らといえども心理的にはかなり不安定になったようで、「僕だけ違う。僕はダメだな」とか、「目がかすんで困る」などと一人言を言ったり、深刻な顔つきで刺激を見すえたりしたという（図Ｂ）。

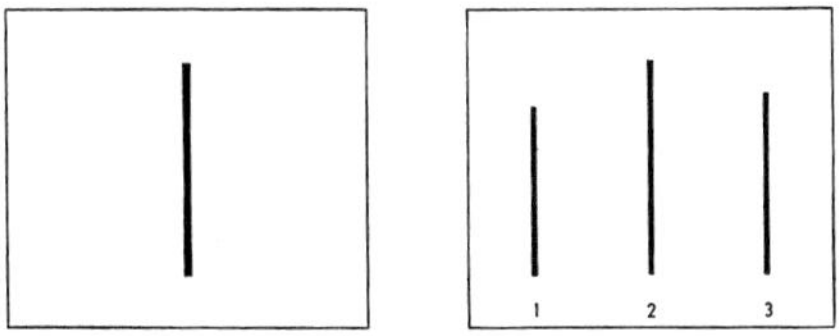

図Ａ　アッシュ[5]の実験における刺激図

図Ｂ　アッシュ[5]の実験場面（上）と被験者の様子（下・中央）

この集まりは集団といっても、お互いに協力して一つの目標に進んでいるような組織的な集団ではありません。たしかに、全員がこの知覚刺激に対して正答と思うものを皆の前で発表するという点では同じ仕事をしているのですから、共通の目標の下に活動しているには違いないのですが、集団として同じ結論というか判断を求めていく必要は全くなくて、あくまでも独自の判断が求められているのです。集団内のほかの成員たちと異なる判断をしたからといって、非難されたり仲間はずれにされたりすることはないし、集団の多数意見に同調することを求められてもいないのです。いわゆる「規範的影響（normative influence）」を強く受けることはない場面なのですが、それにもかかわらず、なぜかこの被験者は、一人だけ異なった判断をすることに強い抵抗を覚えているのです。それは多分、自らの判断が本当に正しいのか否かが不安になってきたからだと思われます。サクラたちがそれぞれ淡々と自信ありげに、しかも揃って同じ誤答をするのを見て、サクラたちのほうが正答なのかもしれないと思って、その方向に判断を変えるのでしょう。「情報的影響（informational influence）」を受けているのです。このことは非同調であった被験者たちの実験後の感想でも「僕だけ違う。僕はダメだな」という表現の中に明らかに示されているでしょう。規範的影響と情報的影響については後述（第4章第2節）します。

「集団圧」か「世間圧」か？

さて、このような実験研究と井上[12]による世間論との関係に進みましょう。井上によりますと、ミウチとタニンとの中間領域にこそ「世間（セケン）」があるというのですから、この実験場面こそ、「世間」が成立するのに最適と言えるのではないでしょうか。実験場面で初めて顔を合わせ、たまたま同じ仕事を一緒にやるようになったとはいえ、お互いに話し合ったり相談したりするわけではなく、各自が独自の判断をしているだけなのです。これではとてもミウチ意識は生じないでしょう。しかし、とにもかくにも、同じ刺激を見て、お互いの判断を聞きながら自らの答を決めているのですから、同じ仕事をしているという仲間意識がある程度は生じているはずです。井上の言うタニンの関係よりははるかに親密な関係が生じているでしょう。ミウチでもなく、タニンでもない領域であるこの実験場面における集団こそ、まさに井上の言う「世間」に該当する場面と言えるのではないでしょうか。そのことから考えてみると、本当の被験者は、この場面の中で一緒にいるほかの人たち（サクラ）の判断を聞いて、それがこの刺激についての「世間」の判断なのだと思うから、自分だけが「世間」からズレているのではないかと不安になっているのかもしれません。なぜ「世間」からズレると不安なのでしょうか？　井上によれば、多分、「世間」はその人にとって準拠集団としての働きをしているからということになるでしょう。判断のよりどころとしていた「世間」の判断が、その人の独自の判断とは異なることが明らかになるからでしょう。

ところで、コラムで示したように、実験では、サクラたちの判断に引きずられて誤判断に同調傾向を示した被験者は三八パーセントにおよんだのではありますが、最後まで正答を守り通せた人も二五パーセントぐらいはいたのです。このように、集団内の多数派であるサクラたちの判断に同調した人たちと最後まで非同調であった人たちとにとって、「世間」とか準拠集団との関係はそれぞれどのような具合になっているのでしょうか？　実験を繰り返すうちに、サクラたちの判断に同調した人たちの中には、本当にその判断を正答だと思うようになった人と、自分のほうが正答だと思いながらも表面的にサクラに同調した人とがいるかもしれません。後者の人たちは、一人だけ「世間」からはずれた判断をしていては「世間体」が悪いので、「世間並み」の判断を表面的に受け入れただけで、相変わらず自分の答の正しさを信じているかもしれません。ということは、サクラたちによって代表される「世間」の判断を信じていないのですから、その「世間」は彼の判断にとっては決して準拠集団の役目を果たしてはいないのです。他方、サクラの判断のほうがやはり正しいのではないかと思うようになった人たちにとっては、サクラたちに代表されている「世間」こそ、彼にとっての準拠集団の機能を立派に果たしているのです。

また、最後まで正答を守り通した人たちは、サクラたちによって代表されている「世間」の判断を全く受け入れていないのですから、この「世間」は彼らにとっては全く準拠集団の役目を担ってはくれていないのです。そして、多分、彼らはこの「世間」とは別のところに彼らの準拠集団となり得る集団あるいは「世間」を持っているのではないでしょうか。この人たちが実験場面で所属している集団は彼らにとって成員性集団（第1章第1節）であることはたしかですが、準拠集団としての機能は果たしていないのです。ですから、前述の阿部[1]が指摘している「個人にとっての『世間』の所与性」（第1章第2節）から見ても、被験者にとってサクラとともに形成している集団は、多数派であるサクラたちによって代表されている「世間」としては与えられているのでしょうが、その「世間」は彼らにとっての準拠集団とはなっていないのです。このように考えてくると、「世間」の特徴はその「世間」の中で生活している人たちにとっての準拠集団の役目を果たしていることだと言う井上説と矛盾する場合もあるように思えてくるのです。しかし、この点についてはもう少し考えてみる必要がありそうです。

この実験で正答を守り通した人たちが、当面の成員性集団からの情報的圧力に抵抗することができたのはなぜでしょう？　それは、彼らの判断の正しさを保障してくれる別の集団（「準拠集団」）がどこかに存在していることを信じているからなのではないでしょうか。もっと言えば、彼らは、サクラたちが頼りにしている準拠集団がその存在を代表している「世間」とは別の「世間」の存在を描いているのでしょう。阿部[1]も井上[12]も「世間」は人々一人ひとりに存在していることを認めていることは前述の通りですし、本書でもすでに指摘したように（「はじめに」や本章など）、「世間」は各個人の「私」によりそれぞれ認知される存在なのですから、この実験場面で機能している「世間」には、現在「サクラ」たちによって代弁されているものだけではなく、各被験者たちが独自に描いている「世間」もあるのであって、それが彼らの判断のよりどころ（準拠集団）を提供しているのだと考えることができるでしょう。このように考えれば、この実験場面で正答を守り通した人たちが、サクラたちとともに所属している集団の中であらわに形成されている「世間」を彼らの準拠集団にしていないからといって、「世間は準拠集団としての機能を果たす」という井上[12]説と矛盾する結果だと言う必要はないようにも思えてきます。彼らは彼らの「世間」に準拠しているのでしょうから。

いままで、正答を守り通した人たちが現在成員性を持っている集団は、彼らにとって準拠集団ではないのではないかということを述べてきましたが、それでも先にも触れたように、実験後の感想で、この人たちも自らの判断への自信が揺らいでいる様子を述べているのであって、多かれ少なかれ所属している集団からのいわゆる集団圧は感じられていたものと思われます。途中から同調に転じた人たちに至っては、文句なくその所属している集団からの情報的影響という形で集団圧を受けていたのでしょう。ですから、この実験研究の題目にも集団圧という表現が用いられているのでしょう。しかし、このように途中から転向を表明した人々の中には先にも述べたように、「世間体」から表面的にだけ同調したのかもしれない人々もいたでしょう。サクラたちの呈示している「世間」とは別の「世間」に準拠している正答派や途中同調派の人々も、眼前の自らが所属している集団の多数派が信奉している「世間」からの情報的影響の圧力は感じていたようです。これらのことを総合すると、この実験が生み出しているものは、各被験者への単なる所属集団からの集団圧の効果というよりも、サクラたちが一致して表明している「世間」と被験者それぞれの描く「世間」との葛藤の形でおよんでくる圧力であって、集団圧よりも「世間圧」が働いていたのではないでしょうか。

第2章　個人の中の「私」と「自己」

「はじめに」で、「世間心理学」の中心的研究主題は、不可視的ではあっても「世間」の存在を感知して、その中で生活している一人ひとりの人たちとその「世間」との心理・社会的関係、言葉を換えれば、個人、特に「私」対「世間」の心理・社会的関係について考えることだと述べました。そして、第1章では、「世間」とは人々にどのようなものと受け取られているのか、「世間」と「社会」との概念やその用法の上での異同、さらに、従来からの社会心理学、特に集団心理学における研究と世間とのかかわりなどにも触れました。そこで次に、本題である個人と「世間」との交流の成り立ちを考えてみたいのですが、「はじめに」で述べたように、個人は「私」と「自己」とを含んでいると思われるので、その準備のためにここでは、個人内での「私」と「自己」との関係について取り上げておきます。

1　個人にとって「私」とは？

社会心理学における「ｓｅｌｆ」論の原点は、Ｗ・ジェームス(13)やＧ・Ｈ・ミード(18)の論説にあると言って大過ないでしょう。特に、ジェームスは個人自身の総体には、主体としての「Ｉ」と客体としての「ｍｅ」、言葉を換えると、「知るセルフ（self as knower）」と「知られるセルフ（self as known）」とが含まれているであろうと考え、両者を統合して「総体的セルフ（total self）」と呼んでいたようです。このような個人自身の内部における主体的役割と客体的役割を分けてとらえる考え方を、形を変えながらも、大筋で踏襲して出発してみようと思います。ここで「総体的セルフ」と表現されているものは、本書では個人と表現しているものとほぼ同じ意味合いに用いています。そして、「はじめに」では個人が示す主体的役割を果たしているものを「私」と呼び、私の代理人的役割を担っているものを「自己」と名づけたのです。そこで、自己については次節で取り上げることとして、ここでは、まずもって心理的主体である「私」について少し触れておきたいと思います。

「私」の主体的役割への注目

人々が知っていることとか考えていることなどをほかの人たちに伝えるときに、「私（自分）はそんなことは考えたこともありません」とか「私（自分）はそんなことは全く存じません」などと言うでしょう。このように個人が主体的に働く場合には、一般に「私」とか「自分」とかを主語として用いるのですが、この場合に「自己は知りません」とは言わないのではないでしょうか。ですから、本書では個人の主体的役割を担当している働きの部分を「私」と名づけておきます。それゆえ、ここでの視点とは異なる立場からではあると思いますが、北山忍と唐澤真弓[16]が、日本の社会心理学的関心からの多くの「自己論」や「自己」研究では、「『セルフ』を『自己』と訳して、その結果、『セルフ』を『自分』と同等なものにとらえてしまう日本の心理学の学術的慣行」のことを疑問視している点には共鳴する部分もあるような気がしています。

　個人が「世間」と心理・社会的に交流する際には、「はじめに」で述べたように、「私」は「世間」の代弁者である「他者」を介して「世間」と接触するのが一般的なのでしょうが、「私」の主体的働きは「自己」を介して外部に向けて発揮されることが多いだけではなくて、個人の内部で「自己」に対しても発揮されているのです。このような「私」における外部へと、「自己」への働きかけのことを最も端的に示しているのが、いわゆる「本当の私」論でしょう。たとえば、田島司[28]は本当の自分の所在論の冒頭に、「現代社会の人々は自己に関する以下の二つの側面を顧みようとしていると考えられる。一つ目は、自己の行動を生起させたり方向付けている主体性の側面である。……二つ目は、社会システム上で何らかの役割や機能を果たしうる社会的カテゴリーに自己が属すること、すなわち社会的な定位に有意味な成員性からなる側面である」と述べ、個人において、「自己」自体への主体的な働きかけと、「自己」を介して社会内に自らの定位を行うことを担当する働きに「私」が注目することこそ、個人の行う「本当の自分」探しの主眼点であろうと考えているようですから、（もし、この理解が誤っていなければ）本書で言う個人における主体的役割を担当する「私」と、その働きかけを受け取って社会あるいは「世間」と接触する役割の「自己」との、役割分離論と相通じる部分があるのではないかと思われます。

しかし、従来の社会心理学における「自己」研究では、個人と「社会」との相互作用に多く注目していて、そこでの個人の主体的働きに改めて注目することがほとんどなかったように思われます。たとえば、社会心理学における自己研究の現状分析を目指した下斗米淳[26]が取り上げている一〇編を超える論述ないしは研究報告においては、「自己像」「自己概念」「自尊感情」「自己評価」「自己認識欲求」などのテーマのみならず、「自己」と対人関係、社会適応などの関係についての考察においても、個人の主体的側面と「自己」の諸機能との関係がいま一歩はっきりしていないように思われます。「個人が呈示した自己像」とか、「人は常に自己確証動機に基づいて対処し、行動しているとは限らない」とかのように、本書流に言えば、「私」を主語として考察するところが、「個人」とか「人」など極めて総合的な表現にされていますので、決して「自己」と「私」とを混交させて個人内の主体的機能を度外視しているのではないのでしょうが、主語を省略する日本語の特性とも相俟って、主体的存在の果たす働きがぼやけてしまっているのです。

「私」による「自己理解」

「私」の発揮する対「自己」、対「世間」の具体的働きについては次節や次章で触れることとして、「私」の働きの一つである「自己理解」に際して、「私」が取る手段について触れておきましょう。心理学においてそれぞれの個人が自身についてどのように把握しているかを研究する際に多く用いられているのは、質問紙形式その他で本人による本人観をとらえる方式です。その一つがＷＡＩ（Who

Am I）テストです。「私は……です」という短文が二〇あって、各文の……の部分を埋めるもので、TST（Twenty Statements Test）とも呼ばれています。これには自己記述と他者記述の方式がありますが、これらについては外山みどり・蔵本知子[30]が検討しています。

このような研究上の手法とは別に、当面の個人が、自分自身の生理的・心理的・社会的特徴や現状などを改めてとらえてみようとするときに採られる手法については、上瀬由美子[15]が、人々には（本書流に言えば、個人の主体的役割の担い手である「私」には）基本的に「自己認識欲求（self-recognition need）」があることを前提として、「自己観察（self-observation）」「社会的比較（social comparison）」「社会的フィードバック（social feedback）」の三種の手法を挙げています。要するに、代理的役割を果たしている「自己」の特徴や現状などをつぶさに観察したり、「他者」や社会（「世間」）の現状やそこからの要求など、また、時には「自己」の過去や将来の理想像などと比較検討したり、「自己」の現状や特徴を「他者」が観察してその結果を「自己」に知らせてきた（フィードバックされた）ものを利用したりして、「私」は「私自身」を理解できるであろうというわけです。

2　個人にとって「自己」とは？

「自己」というタームは、日常、さしたる説明や概念定義もなしに様々な場面で用いられているようです。再び『広辞苑』[*4]のご厄介になってみますと、極めて簡単に「われ、おのれ、自分、自身」としてあるだけでした。これでは、たとえば、「自己」と「自身」とは代替のきく同意語なのかどうかもわからないでしょう。

一般的用語としての「自身」

前節で筆者も数回「自身」とか「自分自身」などという表現を断りもなしに用いています。「私が私自身へ働きかけるとか、……働きに自身が注目するとか、さらには当面の『個人』が自分自身の特徴に」など主体的用法もあれば、客体的表現もしていて、筆者自身も混乱しているようにも見受けられます。しかし、これは、「私」や「自己」のような主要な概念の含意や用法を説明するための極めて日常的用法で、ほかの人ではなく、当面の個人本人についての表現として用いているのです。このような用法例として、朝日新聞[*7]における久野和洋の「地の風景」という絵画についての解説を引用してみましょう。見出しは「自己を投影した風景画」とされ、さらに解説部分では「画家としていかに生きるか、自身との対話を続けた」中に生まれた連作と紹介されていました。この例の場合も、「自身」はほとんど「自己」と同義に用いられてはいるのですが、久野の「私」が「他者」ではなくて久野本人（「自身」）との対話の中に生まれた、久野がとらえた久野の心理的・哲学的な姿（「自己」の姿）をこの作品の中に投影しているというのでしょう。というわけで、「自身」というタームは一般的用語で、概念の説明として用いられているものとして受け取っていただき、ここでは主要な概念としての「自己」について考えていきたいと思います。

「私」と「自己」と「自我」

前節でも触れたことですが、「自己」は主体的機能を担っている「私」と同義ではありません。日常の用法でも、「私はお腹が空いた」とは言うでしょうが、なぜか「自己はお腹が空いた」とは言いません。個人の生理的・心理的・社会的な面での主体的役割を担っているのは「私」であって、「自己」ではないことは、このような日常的用法の中でも明らかなのです。

「私」と「自己」との関係については、ずっと以前から哲学的考察の対象となって、深く、かつ難解に論じられてきたようです。たとえば、酒井潔[24]はG・W・ライプニッツ（一六四六〜一七一六年）によるいくつかの論説に依拠しながら、「私」「自我」「自己」などの概念について考察しています。「自我」も「自己」も「私」に属する概念であるという前提に立って、「自我」と「自己」との相互関係やそれぞれの特徴を考えているのですが、「私」が私自身（「自己」）を意識した場合には、その下地としての「自我」についての理解が想定されているであろうと指摘しています。しかし、ここでは、「自我」という概念には深入りせずに、「私」と「自己」との関係における「自己」についてのみ考えてみたいと思います。

社会心理学における「自己」研究整理の試み

前述のように、「自己」という概念は哲学的にも、人格心理学や臨床心理学的にも多様に定義や用法が考察されてきています。そして、いわゆる社会心理学的な研究領域では、前節でも述べたように、ジェームスやミードの論述まで遡れるのでしょうが、現代の実証的研究（実験や調査など）の形を取って、しかも、自己の社会性に注目し、その客体的働きのみでなく主体的働きについてまで研究の幅や深さが広められ深められたのは、一九七〇年代以降のことでしょう。そして、安藤清志と押見輝男[3]によれば、自己についての実証的社会心理学的研究のスプリング・ボードの役割を果たしたのは、S・デュヴァルとR・A・ウィックランド[9]による「客体的自覚／客観的自己覚知（objective self-awareness）」、M・スナイダー[27]による「自己管理（self-monitoring）」、H・マーカス[17]による「自己スキーマ（self-schema）」などであろうということです。なお、これらの研究については後で触れるとして、まずは「自己」研究の対象範囲についての整理の試みから取り上げていきましょう。

多様な源流からほと走り出た膨大な量の「自己」研究群は、実証的社会心理学的研究のみに限定してみても、深化するほどに細分化され、個々の研究間の相互関係も把握しにくくなってきたので、多少ともそれらの状態を整理する試みも現れてきました。たとえば、下斗米[25]は、従来の「自己」研究の立場を要約し、①「私」が「自己」を認知し、「自己」を生成していく機能や過程の検討、②生成された「自己」の保持・維持・防衛・再構成する機能や過程の研究、③他者や集団・社会などを積極的に操作する行為者としての「自己」の果たす機能やその過程などに注目する研究という三種に分類整理しています。

また、本書の筆者である中村陽吉[19]も、①「私」が「自己」に注目する位相、②その特徴を描き、把握する位相、③その描いた「自己」の姿についての評価を行う位相、④その姿を「他者」に曝したり具合の悪いところを修正したりする位相、という四段階（ただし、①と②とは「自己認知」の位相としてまとめることもできるので、全体を三段階としてとらえることもあり得るでしょう）を経過するものと考え、「私」が「自己」を十分に機能させる過程には四位相があり、各研究はいずれかの位相に注目しているのであろうと整理しています。このような自己の構造や機能の一連の現象過程を、筆者は「自己過程（self-processes）」の四位相と名づけています。

「自己過程」の素描

筆者がこのような「自己過程」に注目したのは、前述のデュヴァルら[(9)]による「客体的自覚」説に触れたからなのです。彼らの考え方の基本を先にも引用した『社会心理学小辞典』[*1]（第1章第1節）において押見が要領よく紹介してくれているのでそのまま紹介してみます。

「人のある瞬時の注意は外に向かい環境に向けられているか、内に向かい自己に向けられているかのいずれかであるとして、後者の時間的割合が高まった状態のことを指す。この状態が強まると、人は現実の自己の姿をあるべき自己の姿と比較して評価しようとし、負の自己評価による不快さを避けるため、現実自己をあるべき姿に一致させようと努めるか、自己に向けられた注意を環境のほうにそらせるか、するようになる。」

この説明でわかるように、それぞれの個人内の「主体（人と表現されている）」の注意が「客体

（自己と表現されている）」に向かうと、主体の側が自ら設定している望ましい客体の姿と、主体がとらえている客体の現状とを比較して、評価を行うことになるでしょう。当然望ましい客体の状態と比べれば現在の客体の状態のほうが劣るでしょうから、主体は客体の現状に負の評価をしなければなりません。負の評価は個人（本人）にとっては好ましいものではなく、不快感情を体験するので、それを避けるためには主体は客体の現状を改めて、望ましい個人の姿へと近づけようと努力するか、注意の方向を客体からそらして環境（たとえば、個人に与えられている仕事の内容など）に向けるようになるであろうというのです。この一連の経過は前述の「自己過程」の四位相説における「自己」への注目、「自己」の特徴把握、個人における「自己」自体と、あるいは外部（多くは「他者」）との比較・評価、そしてそのような「自己」を容認したり変容させたりしながら外部へと表出するであろうという主張の根拠となっているのです。と同時に、この客体的自覚説における研究の焦点はこのような一連の過程の第一歩である「自己への注目（self-focused attention）」におかれていました。

個人が注意を向けた「自己」の心理・社会的特徴や現状などを具体的に把握するためには、「自己」についての情報を集めて、整理してというような、いわゆる認知過程が生じてくるでしょう。このようにして集められ、整理された「自己」関連の諸情報は、「認知的概括（cognitive generalization）」と呼ばれるような状態でネットワークとして構造化されて記憶されるのであろうというのが、先に触れたマーカス[17]による「自己スキーマ」説なのです。例として、架空の某氏の社会生活における自己スキーマを図示してみましょう（図２－１）。このような自己スキーマが形成される

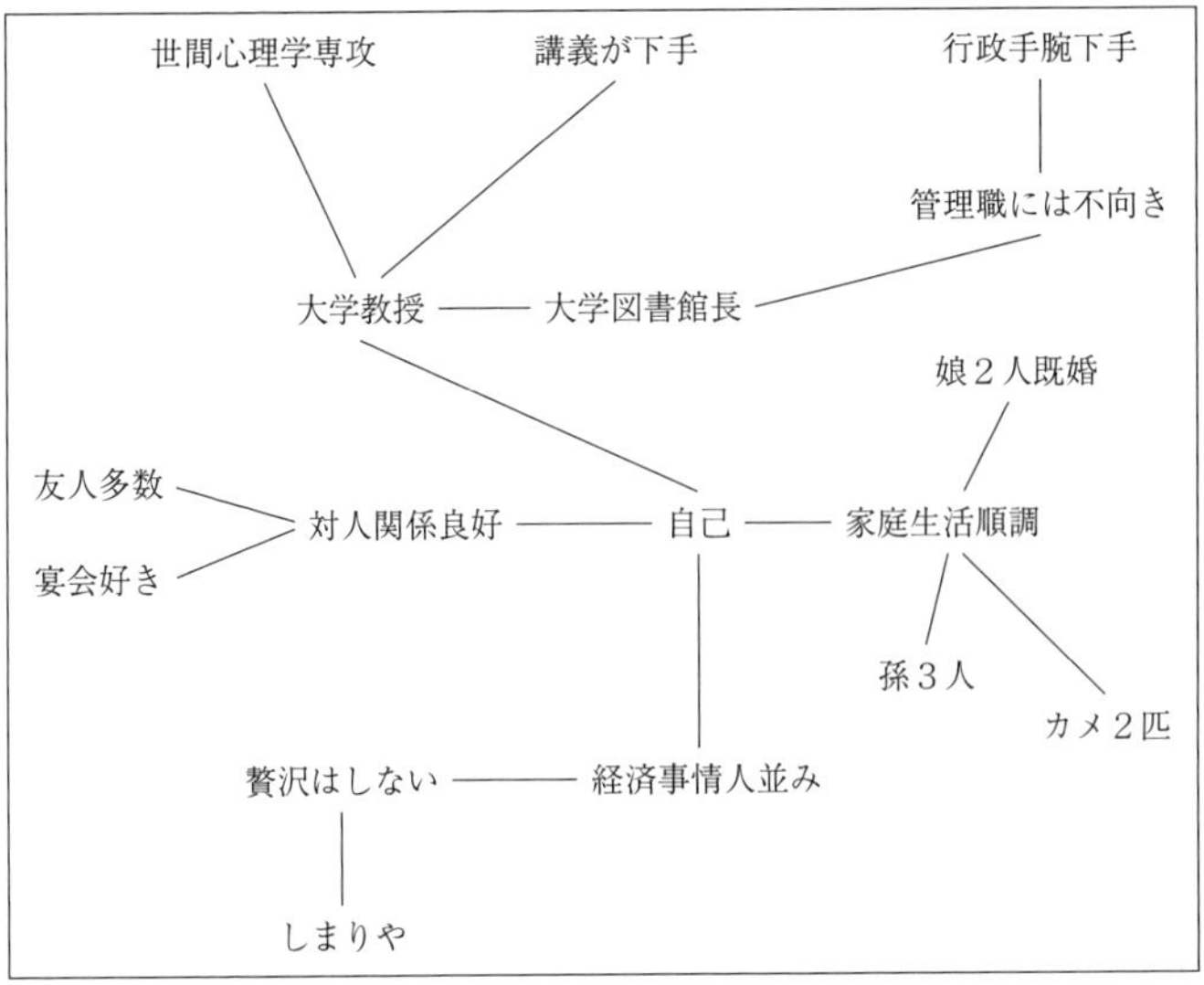

図 2-1　某氏の「自己スキーマ」（筆者作成）

と、事後の自己関連の情報の処理や活用も円滑に行われるようになるということについても多くの実証研究が行われています。

なお、このような多様なスキーマのいずれかについて、そのときどきに「私」が「自己」へのイメージを描くのが「自己像（self-image）」と呼ばれるものですが、「自己像」は時間的にも空間的にも断片的に「私」が「自己」をとらえている姿なのです。これに対して、もっと持続的に統合性のある自己スキーマを模索して「自己」を組織的にとらえた場合に描かれる像は、「自己概念（self-concept or conception）」と呼ばれています。この点について、R・ターナー[31]は「いずれも『個人』が描く自分自身の姿や特徴を示す用語だが、『自己像』はいわばその時点での写真における像のようなものであるが、『自己概念』のほうは『自らの本質（I-myself as really am）』にかかわる像である」と述べています。

このように一度は自己像や自己概念を描いてみても、人々は対人関係や集団生活などにおいて、多くの人々に接し、様々な規範や規則に遭遇して、否応なくそれらと「自己」とを比較検討することになるでしょう。先にも触れた「社会的比較」です。なぜ個人は社会的比較によって自己評価を行うのか、その際の動因とか比較対象の選択基準などについて多くの研究を生んでいます。

ところで、このような社会的比較による自己評価の際に、個人が主体的に「自己」を描いて「他者」などと比較するだけでなく、外部に提示した「自己」の姿に接した「他者」や外部からの自己観が「自己」を通じてフィードバックされてくるので、個人は自身の自己観と外部からの自己観とを比較検討しなければなりません。そこで浮かんでくるのが「自己呈示（self-presentation）」という手法です。「他者」やその他の外部からの自己観を、個人にとって都合のよい、あるいは好ましいものにしておくために、外部に呈示する「自己」の姿を様々に操作する過程が「自己呈示」です。そして、その中の一つの手法が先に挙げたスナイダー[27]による「自己管理」なのです。

この「自己管理」とは、「社会的場面や対人関係の中で、ほかの人に自己の特徴やそのときの心理状態などを言動として表出する場合に、そこでの状況や相手の状態などを勘案して、表出の仕方を個人が管理し、統制する程度」とされています。要するに、「管理（monitoring）」とは、「観察（observe）」し、「調整（regulate）」し、「統制（control）」することなのです。そして、自己管理の傾向には個人差があって、その傾向の高低を測定するための質問紙も考案されています。このような測定具でとらえられた個人差で、高モニタリング傾向と思われる人たちは、たとえ自らの信念や好みに反することでもその場面に適切だと思えたり、その状況から求められていると思えたりすると、進んでその状況に適合していると判断した言動を示すことができる人であり、そのようにふるまいたがる人だということです。これに対して、低モニタリング傾向の人たちは、「自己」の主義、主張、信念、好みなどに忠実で、そのためにその場面から要請されていることに対応することが下手であるばかりでなく、そのような場面からの要請に左右されることを好まない人であるということです。ですから、個人としての適応という点から見ると低モニタリングのほうがより適応的のように思えるのですが、社会的適応という観点からは、高モニタリングのほうが適応的と言えるのかもしれません。

「自己過程」における「私」の役割

このように見てくると、近年の社会心理学における自己研究では、多くの場合、ジェームス[13]の表現における「知るセルフ」と思われる役割を、「人々（people）」とか「人（person）」と表現しており、「知られるセルフ」の役割に「自己（self）」が用いられているようにも取れますが、必ずしも「知るセルフ」と「知られるセルフ」とをはっきり分けていないようにも思えるのです。たとえば、先に取り上げた「自己概念」や「自己管理」などという概念の場合でも、両方の働きを含めて、「自己」が「自己」の現状や理想を描いた状態を人々が把握した内容を自己概念、「自己」が「自己」を状況に合わせる努力をする状態を人々が把握した内容を自己管理と呼んでいるようです。自己過程の四位相のいずれにおいても、「人々」とか「人」と表現されているものは、本書では個人と名づけているものとほぼ同義と思われますが、その構成要素としての「私」と「自己」とをはっきり分けずに、「自己○○」と名づけた概念を数多く生み出しているのです。このような所論では、すべて「私」に該当するものも「セルフ」として、「自己」として扱われているので、本書では、敢えて個人の中でもっぱら主体としての役割を担う「私」と、「私」の代理人としての「自己」とを分けることを試みたのです。しかし、前述の諸理論や諸研究ではこの両者を包含して「セルフ」と表現しており、「自己」と訳されているのが一般的なのです。次の節では、これらの「自己」というタームの使用の仕方の違いを念頭におきながら、また、「世間」との関係にも触れながら、この本で言う「私」と「自己」とはどのような存在であり、働きなのか、そして両者の機能的関係はどのようなものかなどを、もう一度、自己過程の四位相を軸に考えてみたいと思います。

3　「私」にとっての「自己」と「自己」にとっての「私」

前節のおしまいのところでも述べたように、ここでは、「私」と「自己」との役割を分離すると同時に、両者の相互作用関係を「世間」や「世間」の代弁者である「他者」の目の影響を配慮しながら分析したいのですが、その際の手掛かりとして、前節で紹介した「自己過程」の四位相を例に取って論を進めてみましょう。

「自己注目」の位相

まず、「自己注目（self-focus）」の位相です。たしかに、「自己」の存在に注目するのは「私」の役目でしょう。たとえば、ある青年が同棲しているのに婚姻届を出していない場合、そのことで親から「世間体」が悪いと言われている「自己」に、彼の「私」が注目したとしましょう。注目するという主体的役割は「私」が果たしています。しかし、なぜ「私」は「自己」に注目したのかと言えば、「自己」が「世間体」の悪い状態にあることを「私」に訴えているからなのです。一九〇二年にC・H・クーリー[7]は「鏡映的自己（looking glass self）」という概念を唱えました。「他者」からの自己観を示されると、その中にさながら鏡に映った「自己」の姿を見た場合と同様、「私」は「自己」への感情を抱くと言うのです。実際に鏡に映っている「自己」の姿を見れば、「私」は「自己」の存在に否応なしに気づくでしょう。たしかに、気づくのは「私」の主体的働きなのですが、気づかせる働きは「自己」の存在です。つまり、「自己」は決して単なる客体ではないのです。ですから、前節でも紹介した客体的自覚説における実験では、「自己注目」を生起させる刺激としてしばしば鏡を用いているのです。なお、自己注目にかかわる研究状況については、押見[22]が詳しく紹介してくれています。

「自己理解」の位相

次に、第1節でも触れた認知的な「自己理解（self-understanding）」あるいは「自己把握」の位相です。「私」が「自己」の存在に注目すれば、「私」は「私」のこと（「自己」）を知る試みを様々行います。これがここで言う自己把握なのですが、これを「自己知覚（self-perception）」という形で分析したのが、D・J・ベム[6]の主張です。個人が自らの知っていること、感じていること、考えていることなどをどのようにして把握していくのかについて、「自らの外部に曝している言動、すなわち『外顕行動（overt behavior）』とそれが生起している『状況（situation）』とを自らが観察すること」で可能なのだと述べ、その意味では、外部からその個人を観察してその個人のことを把握する、いわゆる「観察者（observer）」と同じ立場にいるのではないかと言うのです。この場合の個人を「私」と読み替え、自らのことを「自己」と見れば、本書でのいままでの記述におけるように、「私」は「自己」を見て「私」を知るし、外部の観察者（「他者」）も「自己」を見て「私」を理解しているのだと言えるのではないでしょうか。しかし、同じように表出された「自己」の姿を見て「私」を理解するのであっても、「私」と「他者」とは生活環境も育ちも人格も過去経験も異なるのですから、客観的には同じ外顕行動を観察したからといって、同じように理解したり感じたりはしないでしょう。ですから、E・E・ジョーンズとR・E・ニスベット[14]の実験では、何らかの行動（外顕行動）の原因について、その行動を取った本人（行為者）と、それを観察した人（観察者）とでは、同じようにその行動を観察したにもかかわらず、異なった「原因帰属（causal attribution）」を行うであろうと考え、一般に、行為者本人はその行動の原因を周囲の状況やほかの人々などに求めがちなのに、観察者は行為者自身の性質とか考え方のような安定した内面的特性・属性などに帰属させがちなのではないかと考えています。人身事故を起こした運転手は、事故の原因は歩行者がぼんやりしていたからと思うでしょうが、目撃者は、運転手が居眠りしていたのではないかと思いがちだというわけです。このような「自己知覚」や「他者知覚」の場合に、「自己」の役割は単なる観察の対象に過ぎないのかと言えば、そうばかりではなくて、客観的には同じ外顕であっても「私」からと「他者」からとでは異なって把握されているという事実を「私」が理解できるのは、「他者」からは「このように見られています」と、「自己」が「私」に知らせる働きを果たしているからではないでしょうか。「私」にとって「自己」は情報伝達の働きを担っているようです。なお、この「自己把握」に関しては外山[29]が研究状況を詳しく解説してくれています。

「自己評価」の位相

さらに、社会心理学における「自己」研究では、多くの学者が「個人は自らの状態や特性が何かの基準に照らして優れているのか劣っているのか、善いのか悪いのかなどを知りたいという欲求、言葉を換えれば、『自己評価（self-evaluation）』の欲求を持つであろう」ことを指摘しているのです。たとえば、L・フェスティンガー[10]は、自らの能力の高低とか意見の妥当性などへの評価欲求の存在を認めているし、また第1節で紹介した上瀬[15]は「自己認識欲求」の存在を検証しようとしているのです。心理学では以前から、個人の欲求が活発になるのは、欲求の対象になっているもののほうにも、その欲求を引き出す働きがあるからだと考え、その働きを「誘因（incentive）」と呼んでいます。そして、

「誘因」が実際に発揮している誘う力というか魅力のことは「誘発性（valence）」と言います。つまり、「私」が自身を知り、評価したい欲求を持つのは、「自己」には「私」に対しての「誘発性」が備わっているからではないでしょうか。そして、この「自己」を評価したい欲求に基づいて実際に評価する場合には、何らかの評価の基準が必要です。「私」が望ましい「私」の姿として描く理想の「自己像」「自己概念」を評価基準とすることも少なくないでしょうが、一般には、周囲のほかの人の状態や言動、いわゆる「社会規範（social norm）」（この中には、当然「世間の決まり」や「世間の目」なども含まれています）などを基準として社会的比較を行うのです。これらの場合にも、当然比較されているのは「私」が描いている「自己」の姿でしょう。「自己評価」のための社会的比較過程については、山口勧[33]による簡潔な解説がありますので参考にしてください。

「自己呈示」の位相

さて、個人において主体的働きを担っている「私」は、前述のように、「自己」を介して外部（「他者」や「世間」）からの様々な「私」に対する評価（「他者評価」）を知ることになります。そして、それに対応した「私」の姿を、「自己」を通じて外部に表明するのです。これが前節で述べた「自己呈示」なのですが、この際の「自己」の役割は、「私」に指示された姿を外部に伝え、それに対する外部の反応を「自己」自身が理解し、解釈した形で受け取り、それを「私」に伝達することなのです。要するに、「私」と外部（「他者」を介しての「世間」など）との仲介者としての役割を持つ「自己」

なのです。この位相については安藤[2]の要を得た解説があります。

「私」への「自己」の役割

このように、個人と外部（「他者」や「世間」など）との関係の中での「私」にとって「自己」が果たしている役割を見ると、①「私」に自身の存在を気づかせる刺激としての存在、②「私」の抱く欲求への誘因、③「私」自身への評価基準の提供者、④「私」への外部からの諸情報の受容者であり、「私」への諸情報の伝達者、なのです。

そして総合的には、「自己」は「私」の「代理人」であり、「私」は「自己」の「管理者」なのです。

第3章 「私」と「世間」との仲を取り持つ「自己」と「他者」

ここでは、「自己」と「他者」とを仲介者としての「私」と「世間」との関係を、小説や新聞などにおける「世間」の扱い方を材料に考えてみたいと思います。

1 「私」はなぜ「世間」を気にするのか?

二〇〇九年における大きな話題の一つは、新型(豚)インフルエンザの流行でした。その予防用のワクチンもなかなか摂取の順番が一般までは回ってこないので、予防に少しでも役立てばという儚い望みを託して、都会人の多くが大きな白いマスクをしていました。この現象について、科学史が専門の神里達博が『朝日新聞』[*5]で取り上げ、マスクを着用するにしてもしないにしても、そこには「世間の目」への配慮が働いているのではないかと論じています。

「世間」への配慮

このような「世間」への配慮現象は、なにも個人的事象のみではありません。たとえば、イラクによるクウェート侵攻に対する制裁を標傍して開始されたいわゆる湾岸戦争（一九九一年）における、米国を中心とした多国籍軍への協力問題で、当時の日本政府は二言目には「国際社会から批判されないように、称賛を得るように」と言い、これを、対応の仕方の判断の中心的視点としていました。これも、個人における「世間」関係と同様のメカニズムによるもので、米国を中心にした諸外国（「他者」）の反応のあり方の背後に、日本の政府（「私」）は国際世間の目や声を「感知」したのではないでしょうか（なお、ここで感知という聞きなれないタームを用いましたが、その意味するところは、単に知覚するだけでなくて感情的要素も含めたいので「感じ知る」と表現したものです）。

なぜ、「私」は「世間」の目や声を気にするのでしょうか？　この問いへのある程度の答は、先に引用した「世間学」の先達である阿部[1]や井上[12]の論説において、「世間」には厳しい掟があるためであるとか、「世間」は個人にとっての準拠集団としての働きがあるからだなどと言われています（第1章第3節）。そして、その掟や準拠集団の基準から外れることによって生じる批判や排斥などへの恐怖心や羞恥心が、「世間」の目や声に気を配り、世間体を取り繕うようにさせると考えられているようです。このような指摘をもとに、もう一歩立ち入って、「私」は「世間」からの働きかけをどのように受け取っているのかという観点から、「私」が「世間」を気にする訳（理由）を解きほぐしてみたいと思います。

「世間」から「私」への三種の心理的影響

「世間」に関連した様々な表現があるようですが、たとえば、「世間の目」「世間の風は冷たい」「世間の決まり」などは、受け取る個人の「私」にはどのような心理的影響があるのでしょうか？「世間の目」が気にかかるのは、「世間」が個人の「自己」を介して、その個人の「私」について「評価（良—悪、好—嫌など）」をしているのではないか、どんな評価を下しているのか、などを「私」が気にかけて、心配しているからなのでしょう。また、「世間の風は冷たい」と感じたりするのは、「私」が「世間」から閉め出されても、「世間」からは何も援助の手が差し出されないのではないかと受け取っているからなのでしょう。そこでは「世間」からの「抱排（受容—拒否、包含—排斥など）」などの処置が下されるのではないかということへの気がかりがあるのでしょう。さらに、「世間の決まり」という表現には、決まりへの同調とか服従とかを求められるのであって、そこには「規制（統制—放任、束縛—自由など）」の力への配慮、気がかりがあるのでしょう。要するに、「世間」からの「私」への心理的影響の主なものは、「評価（evaluation）」「抱排（inclusion-exclusion）」「規制（regulation）」などの働きかけからの影響であって、これらへの共通的な予防的反応がいわゆる「世間体」なのでしょう。

2　「世間」の風はどのようにして「私」に届くのか？

小説に見る「世間」の心理的働き

以前、『朝日新聞』朝刊に連載されていた乙川優三郎[23]による小説に、次のような一節がありました。「世間は怖いですね。変わらないよさを認めながら、本当に変わらないと見捨てます」。たったこれだけの表現の中にも前述の「世間」からの影響のもとになる三要素が含まれているのです。「変わらないよさを認めながら」の中には、「評価」が含まれていますし、また、「世間は怖いですね。……見捨てます」の中には、「世間」からの切り捨てという「抱排」が表現されています。その上、「本当に変わらないと見捨てます」という中には、変わらないのなら罰するという「規制」が示されているのです。

同じく小説を例として、個人への「世間」の作用のおよび方について考えてみましょう。一つの短編の中で頻繁（約一〇回）に「世間」が登場しているのは、吉川英治[34]の『吉野太夫』です。その中から機能が異なっているように思われるものをいくつか拾ってみますと、まず、「世間」の評価の働きを示しているものとしては、「世間の衆は、天下一の娘を持ちながらと、私たちの溜息の手内職を、不思議がっております」（一八五頁）があり、また、抱排の働きを示すものとしては、「何せい娘は、世間とは違ったああいう世界……遊郭にいる身なのじゃ」（一八〇頁）があります。さらに、規制の働きを示すものとしては、「あれが灰屋の息子と、遊女あがりの吉野と知れたら、わしら分家の者までが、世間へ顔が赤うなる」（二一七頁）という一文もありました。

「私」と「世間」との交流の基本形

ところで、このような「世間」の用法を瞥見して気づくことは、「世間」を口にしている本人が、「世間」からの働きかけの対象者の「自己」に、「世間」の一員のような意識で働きかけている場合と、「世間」の枠外にいて、「世間」の意（意向）のあるところを代弁して伝達している場合とがあるということです。先の例で言えば、「わしら分家のものまで世間へ顔が赤うなる」というのは、発言者自身の「私」がまさに「世間」の一員として、その「世間」に向けている「自己」の姿に「私」の顔が赤くなる思いだと言っているのでしょう。また、「世間の衆は……私たちの溜息の手内職を、不思議がっております」という場合は、発言者は「世間」の局外者の立場でいながら、「私」たちの「自己」の状態に対する「世間」の意向を、さながら「世間」の代弁者のごとくに「私」たちに伝達しているのです。

これらのことから「私」と「世間」との接触のあり方をまとめてみると、「私」が外部と接触する際に呈示する姿が「私」の代理人としての「自己」により仲介されているのと同様に、「世間」の側もその評価、抱排、規制などの働きかけからの影響を「私」におよぼしたい場合は、その意向のあるところを「私」に（「自己」を介して）伝達する役目を担っているものが存在しているのです。それが親兄弟、親類縁者、近所の人、友人、同僚、マス・メディアなど、一括して「他者（others）」なのです。「はじめに」でも述べたように、「私」と「世間」との交流は、

「私」↔「自己」↔「他者」↔「世間」

という形を取っているのが一般的なのではないでしょうか。ただし、このループの中で具体的に実体として姿を現しているのは「自己」と「他者」だけなのですが。なお、当然のことですが、ここで「他者」の役割を果たした人も、その人なりの「私」と「自己」として、また別の「他者」や「世間」と接しているのです。そして、いずれの場合でも、「私」と「世間」とはその働きの存在を「自己」や「他者」に感知されているので、実体は存在しませんが、その心理・社会的働きは実態として存在しているものと考えています。

3　「私」と「世間」との交流経路のモデル

前節の末尾の部分で「私」と「世間」との交流経路の基本形を描いてみたので、そのことを基本として、第Ⅰ部全体のまとめと次の部へのつなぎをやっておきましょう。

新聞記事に見る「私」にとっての「世間」

前節では小説を材料にしてみましたので、今度は新聞記事を取り上げてみましょう。二〇〇九年の

『朝日新聞』[*8]に、一九六〇年代から七〇年代にかけての日米安全保障条約への反対や大学改革などを軸とした、いわゆる学生運動（その中心となった組織が「全共闘」）の回顧記事「ニッポン人・脈・記　反逆の時を生きて」が連載されていました。その中で、演出家の流山児祥の言葉として、「世間をちょっと揺さぶりたい、ずらしたい、というのがアングラ。全共闘も同じだった」という表現が目にとまったのです。ここでの「世間」はいわゆる「世の中」とほぼ同義だと思いますが、やや低俗な、あるいは無思慮な世の中、大衆社会を指しているのでしょうが、多分、この言葉の発言者にとっては、この「世間」には自らは属していないのであって、この発言者たちによって揺さぶられている人たちが「世間」を構成しているのでしょう。たしかに、この発言者の「私」にとっては「世間」は成員性（所属）集団でもなければ準拠集団でもない存在であるのですが、しかし、「世間」は揺さぶる対象としてとらえられているのでしょう。「私」は「世間」に所属はしていないのですが、揺さぶってみたいという認知や感情の対象として「世間」をとらえているのです。具体的に所属しているか否かは社会的関係ですが、揺さぶってみたい対象との関係は極めて心理的なのです。

もう一つの新聞記事[*6]に目を向けましょう。それは、栃木県下で生じた女児殺害事件での犯人誤認という、いわゆる足利事件に関するものです。一七年後の再鑑定で証拠品のＤＮＡが被告本人のものではないとわかった時点で、検察当局が、意見書提出の期限（六月一二）日まで一週間以上を残しながらも、早々と事実上の無罪を認めたことについて、関係者は「世間の目だよ……釈放は早い方が良く、一二日まで待つべきではないと判断した」と明かしたということです。ここでの「世間」は検察当局が描いた「世間」であって、おそらくその中心にはマス・メディアを想定しているのでしょうが、その「世間」の声や目が当時の検察の決定に対して厳しい批判を示すであろうと判断したのでしょう。ですから、検察当局の「私」は、どのように判断し、いつ発表するかに悩んでいる「自己」の姿に対して、「他者」を介して伝えられるであろう「世間」の見方（目や声など）を意識し、判断した結果、早期発表に踏み切ったという一連の心理的過程を示しているのではないでしょうか。つまり、前述の流山児における「私」のように、「自己」を介しての働きかけの対象として「世間」を見ているのとは対照的に、「私」は「世間」を、「他者」を通じて、さらに「自己」を介して働きかけてくる存在として受け取っているのです。

このような二つの例では、実は、それぞれの当事者による発言には「私」も「自己」も「他者」も言葉としては登場していません（筆者がその存在を推測してみたのです）。いずれの場合も、発言者が「世間」の存在を感じて、それに対応しているのですが、流山児の場合は「世間」へ能動的に働きかけているのに対して、検察当局の場合は「世間」からの働きかけを予測しての対応なので、「世間」との関係は受動的であると言えるでしょう。このように対「世間」のあり方には違いがあっても、それぞれの出来事の中では流山児も検察当局もいずれも主体的働きをしているのですから、その意味で「私」の存在を措定できるでしょう。要するに、「私」と「世間」との交流状態なのですが、たしかに、仲介役の「自己」と「他者」の存在については、明確とは言えない状況なのです。もう少し、「自己」や「他者」の存在を推測しやすい事例を取り上げてみましょう。

第1節にも引用した、新型インフルエンザについての新聞記事[*5]における神里の所論をもう少し詳しく紹介してみます。「確かに、マスクをする人が多い背景には、衛生習慣上の根拠がある。……だが、個々人の行動は本当にそのような衛生学的理由に基づいているのだろうか。むしろ『もしマスクをせずに、感染したり感染させたりしたら、「世間」の目が怖い』と判断した結果ではないだろうか。問題なのは、もしその推測が正しいならば、何らかの理由で『風向き』が変わると『自分だけがマスクをすると、周囲に不安感を与えてしまう。「世間」の目があるから、マスクはやめよう』という風に、容易に判断が揺らいでしまう点である」と指摘しています。この例の場合、マスクをするかしないかの判断をする主体は一般の人々、一人ひとりの「私」であることは間違いないでしょう。そして、実際にマスクを着用したりしなかったりしているのは、「私」の意を受けて行動しているところを「私」によって見られている「自己」なのです。そして、「自己」はマスク着用の有無いずれかの姿を外部に曝すのです。その外部を構成しているのは、親兄弟はじめ友人、知人、そのほかマスクの着用にかかわりのある不特定の人々、さらにはマス・メディアの動向など、一括して「他者」なのですが、そのような「他者」による「自己」のマスクに対する言動の背後に、「私」が「世間」の目や声などを受け取っているのではないでしょうか。当面の個人の「私」は、街行く人々（「他者」）の多くがマスクを着用しているのに気づけば、マスクを着用している「自己」の姿は「世間」に受け容れられていると感知するでしょうが、着用していない「自己」を外部に表出している場合は、「世間」が批判的に見ているに違いないと思うでしょう。そして、次の日には、意地になって顔の半分も隠れるほど

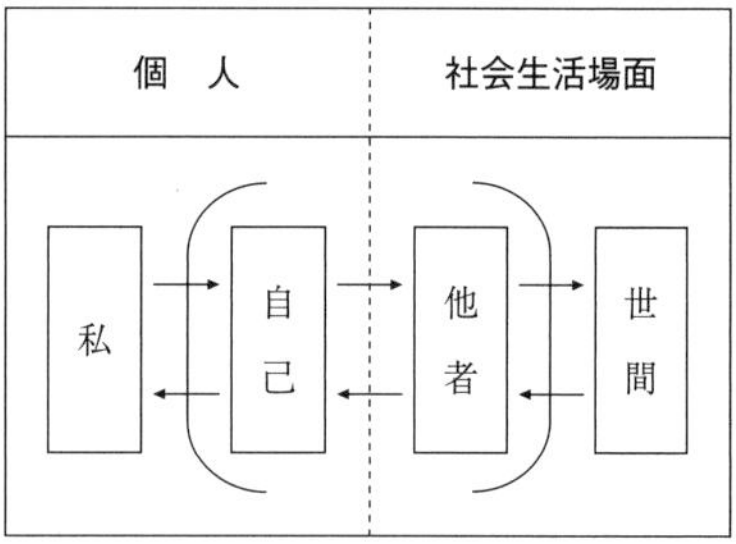

図 3-1　「私」と「世間」との心理・社会的交流（筆者作成）

の大きなマスクを着用したりするでしょう。

仲介役の「自己」と「他者」

このように考えてくると、前節で提起した簡単な基本形のようなものとのつながりができてきました。主体としての「私」は、その場に相応しいと判断した「私」の姿を「自己」に投影し、「自己」は「私」の代理人としての役割を背負って、その姿を「私」にも見せると同時に、外部に向かっても表出するのです。その「自己」の状態を社会生活場面において観察したり、解釈したりするのが「他者」なのです。その際、「他者」は自らが所属している、あるいは、判断のよりどころとしている多数の人々の漠然とした集まり（「世間」）の意向だと判断し、理解している内容を（さながらその「世間」の意向の代弁者であるかのごとく）、当面の対象である個人の主体である「私」に（その代理役を背負っている「自己」を介して）、伝えるのです。別の表現をすれば、「自己」は、「他者」から伝えられた「私」への「世間」からの評価、抱排、規制そのほかの働きかけの内容を、「私」に伝えるのです。そして、「私」が「自己」と「他者」との交流状態をとらえて、「世間」から「私」への意向を感知するのでしょう。要するに、個人内で実体のある「自己」と社会生活場面において実体のある「他者」とが具体的に交流するところに、心理・社会的に構成された概念である「私」と「世間」との交流も実現されているのではないでしょうか。これらの点を考慮して、前節（四八頁）で呈示した基本形を次のように微修正しておきましょう。個人内の「私」と社会生活場面内での「世間」との交流は、「私」の代理人である「自己」と「世間」の意向の代弁者である「他者」との仲介によって実体を伴った形で実現しているという趣旨を表現するために、図３－１のように修正してみました。個人内の「私」と「自己」と、社会生活場面内での「世間」と「他者」とを、それぞれ枠で囲い、さらに実体を伴った仲介役である「自己」と「他者」とを同じカッコ内に入れてみました。なお、この図３－１のモデルには交流される作用の種類・内容などを一切表現していないので、第Ⅱ部の後で、その点を考慮した形のものに再度修正する予定です。

第Ⅱ部　「世間」からの働きかけに対する「私」の心理

第Ⅰ部では次のような諸点を強調したつもりです。

①　世間現象は「私」が感知することでその働きが実態化する。
②　「私」と「世間」との交流は、「私」の代理人としての「自己」と「世間」の代弁者である「他者」との仲介によって成立するのが一般である。
③　「私」と「世間」との交流は循環的である。
④　「私」と「世間」との交流には、社会性と心理性との両面がある。
⑤　本書では心理性に重点を置いて、「私」が感知した「世間」の諸相を考える。
⑥　「私」と「世間」との心理・社会的交流には、「私」が受動的な場合と能動的な場合とがある。

そこで、第Ⅱ部では、「私」が能動的に「世間」を変革しようとする側面よりも、「世間」からの心理・社会的影響をどのように感知し、それにどのように対応するかに焦点を合わせ、「私」と「世間」との交流の様子を分析することを主眼としています。従来からの世間観では、個々人は、「世間」からの働きかけ（たとえば、「世間の目」）を気にかけ、「世間」からの様々な罰（噂の種にされたり、排斥されたり）を恐れて言動が萎縮し、無原則に同調したりするという負の側面が強調されています。しかし、このような「世間」による弊害を社会機構の変革によって克服することは容易ではないでしょうから、主として心理的対応面からの弊害克服の可能性を探っていきたいのです。

第4章　「世間」からの働きかけ

「私」の心理的過程の内部における「私」と「世間」との交流については、従来の社会心理学では、対面・対話場面とか集団場面での対人関係・集団関係などの問題として処理されてきたのではないでしょうか。たとえば、W・C・シュッツ[62]によるＦＩＲＯ（Fundamental Interpersonal Relations Orientation――対人関係の基本的方向づけ）説では、対人関係を基本的に方向づけている心理的働きについて、過去の諸文献を渉猟した結果、inclusion（包含）、control（統制）、affection（愛情）の三次元に、それぞれの能動・受動の側面を加えた六次元に集約できるというのです。これは、本書の第3章で述べた「世間」からの働きの三次元である評価、抱排、規制とかなりの部分で重複しているようです。ただ、affection と評価とは、inclusion と抱排や cotrol と規制ほどには合致していないようですが、affection の含意は愛情であるけれど、愛情には「好意」「非好意」のように極めて評価的ニュアンスが含まれていることを考えれば、本書での「世間」が個人へもたらす心理的影響の三次元とシュッツによる三次元とは、ほぼ同じ指摘と見て大過ないでしょう。したがって、以下の構成も評価、抱排、規制の三側面からの考察という形で進めることにします。

1　褒めたり、貶したり——評価の働き

小説に見る「世間」からの評価

まず、「世間」には個人への評価の働きが備わっていることを示す「世間」という言葉の使い方の例を、先に引用した吉川英治[34]の『吉野太夫』（第3章第2節）における一節に求めてみましょう。「こうして、自分を必死になって恋しているのは、自分の作っている伽羅や臙脂の魔術にかかっているからである。——又、世間で作りあげている人気という霧みたいな儚いものを、現実的に見て酔っているからである」（二〇八頁）。このような一節の後半部分の「世間で作りあげている人気」という表現にこそ、「世間」からの評価の存在が示されているのです。そして、前半部分では、「自分を必死になって恋している」とか、「自分の作っている……魔術にかかっている」という表現には、「私」が「世間」に呈示している私自身の姿（本書で言う「自己」の姿）を認知している状態が示されているのです。そして、さらに「世間で作りあげている」という表現には、太夫が周辺の大勢の人たち（「他者」）からの声を通して「世間」での人気の高さをとらえている様子がうかがえるでしょう。

要するに、このような小説の一節だけ見ても、「私」は「世間」の噂に有頂天になっている「自己」を見て、「他者」が伝えてくる霧みたいな人気に反省している状態が示されているのであって、前章末で示した図3-1のループの存在を示唆しているでしょう。

この例における吉野太夫は、「世間」からの好意的な評価に浮かれる「自己」を反省して、霧みたいな人気への自戒的反応を示しているのですが、一般には多分、「世間」から「自己」への評価が好意的であれば、「私」による自己評価や「自尊感情」（いわゆる「自尊心」のこと、第5章第2節で後述）を高め、非好意的であれば低下させたり、低下への防衛行動を示したりするでしょう。

社会心理学における「評価」研究

このような「評価」の方向やその効果についての従来の社会心理学におけるいくつかの研究に目を転じてみましょう。日本（たびたび触れている井上[12]論文以外）でも、また欧米でも、「世間」を表面に押し出しての研究は見出せないので（特に、欧米では「世間」に当たる概念の存在がはっきりしていないようなので）、自己評価にかかわる研究動向に絞って、第2章でも触れたフェスティンガー[10]による社会的比較過程説と、A・テッサー[66]によるSEM（Self-Evaluation Maintenance――自己評価維持）モデルについて、「世間」を念頭において取り上げてみましょう。なお、これらについては前述したように山口[33]による簡明な紹介があります。

社会的比較過程説

まず、社会的比較過程説では、基本仮定として「個人（「私」）は自身（「自己」）の意見（opinion）や能力（ability）を評価したいという動因（drive）を持つ」と考えているのです。そして個人は自身を評価する「客観的（事実的・物質的）根拠（physical reality）」を見出せない場合は、周りの人々（「他者」）の言動や考え方などを評価の基準として、多数の「他者」の一致した立場（「世間」）を「社会的根拠（social reality）」として、それと自身（「自己」）の立場を比較することで、自己評価を安定させる傾向があるというのです。「私」は身近な社会、すなわち、身近な人々やマス・メディア、さらには具体化されている社会規範など（一括して「他者」）によって示されている「世間」の動向を基準にして、「世間」からの評価と「自己」の姿とを比較検討して自己評価を安定させているというわけです。

なお、この社会的比較過程説では、自己評価の判断基準を具体的に提供してくれる「他者」、社会的根拠を直接「自己」に提供してくれる「他者」は、誰でもよいのではなくて、「私」が選択するのだというのです。明らかに「自己」の現状と大きく異なる基準を標榜している「他者」とは、比較してみても自己評価を安定させてはくれないからです。素人のヘボ碁の愛好家が「自己」の強さを知りたいときに、プロの棋士と比べようとはしないでしょう。実力の似通ったヘボ碁仲間を比較対象として選択するでしょう。M・P・ザンナら(70)の実験研究によれば、男女学生が知的能力の測定検査を受けた後に、自己の結果を知らされてから、男女それぞれの集団の得点分布のいずれを知りたいかをたずねられると、男女とも九〇パーセント以上の者がそれぞれの同性の得点分布を知りたいと答えたということです。性別の異なる人々の得点分布と自己の成績とを比較しても自己評価を安定させてはくれないからでしょう。

SEM（自己評価維持）モデル

ところで、もう一つの比較過程説であるテッサー[66]のSEMモデルについても「世間」との関連を推測してみましょう。このモデルでは「人（「私」）は自分自身（「自己」）についての自己評価を維持、あるいは向上させることを望む傾向がある」ということを出発的仮定としています。そして、この傾向は、当面のテーマによる自己評価への影響の多少（関連性の強弱）や、比較対象との「心理的距離（psychological distance）」（第Ⅲ部参照）、換言すれば、比較対象との関係の親近・疎遠の程度（たとえば、親・兄弟とか親友に比べて初対面の他人のほうが心理・社会的に遠い存在でしょう）などによって影響を受けるというのです。テッサーとJ・スミス[67]の実験によると、テーマが自己評価に関連が強い場合は、心理的距離の近い相手に対してよりも多少遠い相手に援助的にふるまうことで自己評価を維持高揚しようとしたけれど、逆にテーマが自己評価とあまりかかわらない場合は、心理的距離の近い相手のほうに援助的であった（エコ贔屓と思われても自己評価の大勢には影響がないので）というのです。たとえば、大相撲で兄弟がともに横綱になった場合、相撲の上では強烈なライバル意識を持つでしょうが、チャンコ鍋の味つけではどちらが上手かなどを気にもしないのではないでしょうか。ですから、弟が新聞記者に向かって、「兄の作るチャンコの味は格別だよ」と賞賛したりもできるのです。

自己評価と「セケン」

ここでたびたび引用している井上[12]論文に立ち戻りますと、そこでの仮説の一つが「セケンはミウチとタニンとの中間領域に存在する」というものであることを思い出します。ミウチの「恥にふた」であり、タニンの中では「旅の恥はかき捨て」であるのに、セケンでは「世間体」や「世間の目」が気にかかるというわけです。他方、フェスティンガー[10]やテッサー[66]においては、自己評価の際に単に相手との心理的距離（ミウチ、セケン、タニン）のみでなく、そこでのテーマが強くかかわってくることが指摘されているのです。自己評価とかかわりの濃いテーマではタニンやセケンよりミウチとの競り合いが強烈になるし、かかわりの薄いテーマでは評価を気にすることなく親しい相手を平気でエコ贔屓してしまうのです。自己評価への「世間」からの影響を考える場合には、そこでのテーマと自己評価とのかかわりを考慮しなければならないようです。

フェスティンガー[10]やテッサー[66]の発想の基本は自己評価であって、自己評価を規定する存在の一つとして、本人とかかわりのあるテーマにおける、本人と類似している人とか身近な人からの影響に着目しているのです。また、一方では、自己評価に直接かかわらないと思えるテーマでは、心理的距離の遠い相手（タニンとかセケン）とも比較したり接触したりできるのです。セケンと「私」の自己評価との関係を考える場合に、「私」にとってセケンを代弁している「他者」がミウチなのかセケンなのか、セケンなのかタニンなのかを区別することは、「ドコまでがセケンなのか」を決めることでもあり、井上[12]も言うように大変難しいですから、「私」は、かかわりの強いテーマについて、いわゆるセケンからの評価をその代弁者であるミウチやタニンの「他者」からも受け取ったりもするのでしょう。

2　仲間に容れたり、排斥したり——抱排の働き

前節で述べたシュッツ[62]が、対人関係を方向づける要因としての三次元の一つに挙げている“inclusion”は、主体が客体を包み込むとか包み込まれるという意味で、訳せば「包含」でしょう。そして、これの反対語は“exclusion”で「排除」または「排斥」でしょう。この両方向を一つの語で表現するのに適切な言葉を見出せなかったので、「抱排（inclusion-exclusion）」という新造語を用いておきます。そして、ここでは、「世間」が個人を世間現象に巻き込んだり「世間」から締め出したりする働き、すなわち、個人に対しての「世間」からの抱排の働きについて考えてみます。

マンション暮らしと「世間」

筆者は鉄筋長屋のマンション暮らしをしているのですが、昔の長屋とは（多分）異なって、同じ建物の中で生活していても、ほとんど隣近所とのつき合いはないのです。エレベーターで乗り合わせても時候の挨拶をする程度で、お互いの私生活にはほとんど触れることはありません。もちろん、年齢とか生活状況などが類似しているためにある程度親しくなるようなケースも多少は見受けられても、概してマンションの住人は相互に疎遠なのです。しかし、事故とか犯罪への防衛などでは、共同体と

して同一歩調を取らざるを得ない場面も発生するでしょう。そのような場合にリーダーシップの発揮を住人から求められるのは、住人の中から選ばれた管理組合の理事たちです。それでいながら、理事たちの誠心誠意の活躍にもかかわらず、大多数の住人は総会に出席もせずに、不平不満だけはささやいたりします。ですから、理事会では毎度のようにマンションの効率的な運営について非協力的、無関心な住民への怒りや嘆きが呟かれるのです。マンションの住人も多様な人々の集合体ですから、『共同体』である以上、住人相互が心理・社会的に親密な関係を持つべきだ」と主張する人もいれば、「『個』としての存在を共同体という名のもとに拘束されたくない」と考える人たちもいます。この場合、多分、それぞれの立場の人々はそれぞれの主張こそが一般にマンション住まいの人々における常識だと思っているのでしょう。至るところに林立しているマンションの大部分の住人は、「私」の主張を裏づける、言葉を換えれば、自らの考え方や言動の準拠集団を形成している人々が存在するに違いないと考えているのです。要するに、「私」の主張は「世間の常識」「世間の声」だと信じているのではないでしょうか。

一般に、人々の「私」は「自己」が「私」の準拠集団である「世間」に受け容れられ、包含されていることを確認する努力を惜しまないでしょう。と同時に、「自己」が包含されていると思っている「世間」の枠内では、反対の立場にある人々への敵意や憎悪が生じやすく、そのような非同調的存在を「世間」からは排除し、排斥しようとする傾向があるのです。このような現象が「世間」による個人への抱排の働きなのです。

このように考えてくると、従来の社会心理学において中心的テーマの一つとして多くの研究を生んだもののいくつかが思い浮かんできます。曰く、「社会的アイデンティティ（social identity）」「自己カテゴリー化（self-categorization）」「社会的排斥・排除（social exclusion）」などです。

社会的アイデンティティ

社会的アイデンティティ理論とは、個人は、社会の中の様々なまとまり（カテゴリー）のいずれかに「自己」を定位したり、逆に、特定のまとまりの中に定位されたりすることで、そのまとまりの特徴を自身のものとして受け容れ、自らの存在を確認する傾向があるという主張です。社会的アイデンティティ理論の出発は、H・タジフェルら(64)の実験研究からでしょう。一般には、類似したもの同士が同じカテゴリーに収まりやすいと考えるのですが、逆に、同じカテゴリーに収められたもの同士はお互いに類似性が高く、異カテゴリーに収められたものとの間の差異は大きいと認知されやすいという傾向もあるようです。したがって、ほとんど成員間に類似性の認められないような集団場面（最小条件集団）で、たとえば、たまたま机の同じ側に座ったというだけで、同じ側同士に親近感、仲間意識が生じ、仲間としての類似性意識が高まり、いわゆる「内集団（in-group）」化が生起し、相手側に座っている成員には異質感、対抗意識、敵対感を持ち、「外集団（out-group）」化が生じるというのです。まさに抱排の働きに関する理論の一つと言えるでしょう。

自己カテゴリー化の過程

そして、J・C・ターナーら(69)によれば、特定の社会的まとまり内における構成成員間の差異がその社会的まとまりとほかの社会的まとまりとの間の差異に比べて小さいほど、そのまとまりを一つのカテゴリーとしてとらえやすいし、その中にいる個々の成員にとっては、「自己」をその一員としてカテゴライズしやすいであろうというのです。このように特定のカテゴリーに「私」が「自己」を分類し、カテゴライズすることが自己カテゴリー化なのです。なお、社会的アイデンティティと自己カテゴリー化の両理論については柿本敏克(49)による解説があります。

また、筆者(56)は自己カテゴリー化の過程として、①まず「自己」を収納する可能性のあるカテゴリーを収集し、②次に「自己」を収納すべきカテゴリーを選択決定し、③決定後の心理的不協和の発生には防衛的に対処するか、④あるいはカテゴリーを修正・改変するか、の四位相の存在を仮定していますが(なお、③と④との位相は、発生の前後関係も定かではないし、一方の発生のみかもしれないので一括して、全体を三位相とするほうが合理的なのかもしれません)。そして、この三ないしは四位相に対応する心理的過程としては、①認知的機能を中心とした「情報処理過程」、②動機的機能を中心にした「意思決定過程」、③情動的機能を中心とした「感情処理過程」、の三過程の生起を仮定しています。これらの仮定を「世間」と個人との抱排関係に当てはめてみると、「世間」への個人(「私」)の主体的対応の可能性を予測できるのではないでしょうか。

カテゴリー化と「世間」

社会的アイデンティティや自己カテゴリー化の考え方を「世間」と個人（「私」と「自己」）との関係に置き換えてみると、「私」が「自己」を「世間」からその一員として受け容れられていると感知すれば、換言すれば、「世間」を内集団としてとらえれば、「私」は「世間」に自己カテゴリー化し、「世間」によって包含されていると感知するでしょう。しかし、たびたび指摘しているように、「世間」は実体としては把握できないのです。「私」が「他者」の言動や動向などからその存在を思い浮かべているだけなのです。「世間」が「自己」を包含してくれているか否かは、ひとえに「私」による主観的判断なのです。たとえば、父親が息子の大学進学を喜んで、息子に「よく頑張ったな。これでお前も世間に通用する人間になれるだろう」と言ったとしましょう。これを聞いた息子の「私」にとっては、「自己」が通用するのは父親が描いている「世間」に対してだけであって、父親の描いている「世間」には「自己」が包含されたと思っても、母親の描いている「世間」にも通用しているのかどうかは不明瞭なのです。母親からは、「お前も大学生になったんだから、もう少し周りの人のことにも配慮するようにならないと、世間から嫌われるよ」と言われるかもしれないのです。いまのままでは、母親の描いている「世間」からは排斥されるかもしれないというのです。一体、息子の「私」は「自己」を収めるべき、逆に言えば「自己」を包含してくれるカテゴリーとして、いずれの「世間」を選択すべきか迷うでしょう。そして、いったんいずれかの「世間」を選択、決定してみても、その決定が正当であったかどうかを改めて検討し、その決定に非選択の「世間」からの激しい批判に曝されたりすると、それに対して防衛的にふるまうか、別のカテゴリー（「世間」）を選び直すか悩むのではないでしょうか。

社会的排斥・排除

「私」が「自己」を収めたいと思っているカテゴリーから包含を拒否されたら、「私」はどうするのでしょうか？ 逆に、特定のカテゴリー、たとえば「世間」が包含したいと思ってもなかなか同調してこない成員には、「世間」はどのように対処するのでしょうか？ それへの一つの対処法こそが、「社会的排斥・排除（social exclusion）」と呼ばれる現象なのです。前世紀の半ば頃に行われたフェスティンガー(44)やS・シャクター(61)による実験研究によれば、集団内でただ一人異なった意見を主張している成員に対して多くの成員たちは、最初の頃はその集団の仲間というか、同じ集団の構成員なのだから皆で一致した結論を支持しようと、話しかけ、同調を求めていたのですが、その意見を異にする成員が強固に自説を主張して譲らずにいると、徐々に彼に話しかけなくなって、最後には彼だけを集団から除外して、彼を含めない形の集団へと再構成したようになってしまったそうです。この場合、意見が一致している成員たちは、「私」たちの立場や言動は、「世間」の立場を代弁しているのであって、当然「世間」によって包含されていると感知しているので、「世間」に成り代わって彼を集団討議から排除したのではないでしょうか。ところで、集団から排除や排斥された成員の「自己」にとっては、「世間」はどのような存在なのでしょうか？ 多分、この成員は、多数派の人々が掲げる「世間」には「自己」が包含されていない、むしろ排除されてしまったことは熟知しているでしょう。彼にとっては、現在の集団は「成員性集団」なのですが、決して「準拠集団」ではないのです。それだけではなく、その集団の大多数の成員たちにとっては、この集団が成員性集団であると同時に準拠集団でもあり、さらにその集団の準拠性を支えているものこそが「世間」になっているのでしょう。ですから、安心して集団内の多数意見に同調しているのです。逆に、非同調の成員が、この集団内にいながらも強気に自説を主張することができているのは、彼の立場の正当性を保障してくれる別の集団と、その集団を包むもう一つの「世間」の存在とそこからの支援とを信じているからなのではないでしょうか。その当面の集団の大多数の成員たちを包含している準拠集団としての「世間」とは別の「世間」が、その孤立している成員にとっては準拠集団として機能しているのでしょう。

このような実験場面で、もし、孤立していた成員が、多数派からの説得に応じて多数派に同調したとしたら、それは彼（彼の「私」と「自己」）にとって、多数派の集団とその背後の「世間」とがどのように作用した結果なのでしょうか？　一つには、彼の判断の正当性を支えてくれる社会的根拠となるべき準拠集団、「世間」を見出せなかったので、多数派を支持する「世間」による包含を求めたのかもしれないし、二つには、多数派の支持する「世間」から排斥されることを恐れた結果かもしれません。この二種類の「集団圧（世間圧）」は、M・ドイッチとH・B・ジェラード[43]により「情報的影響（informational influence）」と「規範的影響（normative influence）」とに分けられた、社会的影響に対応しているのです（第１章第３節参照）。なお、社会的排斥・排除現象については、R・

F・バウマイスターと研究協力者[37]による一連の研究が行われていて、日本ではそれらの研究の紹介や、その展開について、押見[57]らにより検討されているのですが、それらについては、後続の第5章で触れることにします。

3　緩めたり、締めつけたり——規制の働き

規制的働きかけと「世間体」

「世間」から個人への働きかけの中で、人々の「私」が日常最も意識しやすいのがこの規制機能なのではないでしょうか。世間体が悪いという表現には、「世間」における暗々裏の決まりに背くことは具合が悪い、言葉を換えれば、「世間」の決まりに従っておけば無難だという気持ちが示されているのでしょう。世間体をよくしておけば、「世間」から承認されるばかりでなく、気持ちよく「世間」の一員として包含されると思っているからなのでしょう。本音はともかく、建前の上では「世間」からの規制機能を受け容れておけば「世はすべて事もなし」なのです。このことは、個人の「私」による自己操作だけで事が済むのであって、対人関係におけるややこしい出来事などもすべて事前に処理されてしまうことを意味しているのです。ところが、「私」が世間体に配慮して「世間」に追随していたつもりであったのに、実際には「世間」の思惑とは外れた言動を示していた場合は、改めて「世間」に受け容れてもらうために周章狼狽しなければなりません。

国際世間と「世間体」

個人の対人関係にとどまらず、国際関係などでも似たようなことがしばしば生じています。先にも挙げましたが（第3章第1節）、いわゆる湾岸戦争に際して日本が示した外交活動がその典型的な事例でしょう。国際関係における「世間」の潮流は、みだりに隣国へ侵略行為を示すような国には鉄槌を下すべきだという某国の強い主張を受け容れて、湾岸戦争を遅滞なく処理すべきだというものでした。そこで、日本も国際世間における世間体を考えて、ほかの先進諸国のいずれをも上回る高額の資金援助を行ったのです。これで国際世間から規制的影響を受けずに済むばかりか、諸国（国際世間の代弁者）からは称賛の目で見られるであろうと自己評価を行っていたのです。ところが、案に相違して、人的協力を一切行わず、金だけ出せばよいだろうという根性が許せないと、各国「世間」（特に主導的立場にあった某国）から激しく批判されたのです。極めて世間体の悪い結果になりました。そこで、次の機会には他国に先んじて、事の正否を考慮することもなく某国の主張に賛意を表し、日本国憲法の解釈との整合性を曲げてまで人的協力が行われたことは、記憶されている方も多いでしょう。

社会心理学における「規制」研究

このような「世間」からの規制機能にかかわりがありそうな従来からの社会心理学的研究としては、規制する側（「世間」の側）からは、前節にも引用したフェスティンガー[44]の一連の研究や、C・I・

ホヴランドら[48]の「説得的コミュニケーション（persuasive communication）」研究、また近年のR・B・チャルディーニ[41]による「説得（persuasion）」技術の研究などがあり、個人の側からは、前述のスナイダー[27]のセルフ・モニタリング（自己管理――第2章第2節）や、バウマイスター[36]により注目されて以来の自己コントロールについての研究などです。個人の側からのものは次節にゆずり、ここでは、「世間」の側からの規制的機能とかかわりがありそうな、いわゆる説得的コミュニケーション研究を取り上げてみます。

規制の道具的コミュニケーション

フェスティンガー[44]による集団内コミュニケーション理論については、前節で社会的排斥とのかかわりで取り上げたので、ここでは規制の面から考えてみましょう。集団内の多くの人々が、その集団内に異端の成員が存在していると感知すると、その異端の成員に対して多数派への同調（集団内の斉一性）を求めるためのコミュニケーションが集中的に発せられるのですが、それではなぜ集団内に斉一性を求める圧力が生じるのでしょうか？　これについてはフェスティンガーによれば、それは一つには集団が集団としての目標、すなわち「集団目標（group goal）」を達成するためにその目標に向かって前進しなければならない、言葉を換えれば、「集団移行（group locomotion）」が必要だからであり、もう一つは成員たちが「自己」の立場の正当性の保証を社会的根拠に求めるからだというのです。集団の中で成員たちの立場がバラバラだと、「集団移行」を能率的に行えないどころか、「集団目標」

を定めることさえも困難になるし、各成員にとって「自己」の立場の正当性を保証してくれる多数派による支えを見出せなくなるでしょう。ですから、このような集団内の斉一性を求めるために生じるコミュニケーションを「道具（手段）的コミュニケーション（instrumental communication）」と名づけているのです。そして、この道具的コミュニケーションについて一連の仮説を提出しています。

・成員間のズレが大きいと感知されるほど、圧力は強くなる。
・話題が集団生活にとって強い関連を持つほど、圧力は強くなる。
・「集団凝集性（group cohesiveness）」（各成員にとっての集団にとどまりたい力、換言すれば集団の魅力の強さ）が強まるほど、圧力も強くなる。
・意見のズレが大きいほど、その成員への圧力は強くなる。
・説得の可能性が大きいほど、その成員への圧力は強くなる。
・同じ集団の仲間ではないと感知された成員へは圧力なし。
・集団内に斉一性を求める圧力が大きいほど、受け手の成員の変化の可能性も大きくなる。
・圧力の受け手がその集団にとどまりたいと欲している程度が強いほど、その受け手の変化の可能性も大きい。
・圧力の受け手が当面の話題に私的関心が強いほど、また、その人がこの集団以外に準拠集団を持っているほど、変化の可能性は低い。

これらの仮説における集団の背後に「世間」の存在を思い浮かべれば、「世間」がなぜ、そしていかに、人々の生活に対して、ときに強力な規制力を発揮するのかが理解されるのではないでしょうか。

説得的コミュニケーション

このような説得的コミュニケーションについて、集団場面にとどまらずにいわゆる社会現象にまで視点を広げ、個人の社会問題に対する「社会的態度（social attitude）」の変化という形で多くの実験研究を展開したのは先述のホヴランドたちですが[48]、この研究の流れを一層説得技術面に焦点を当てて展開しているのがチャルディーニです[41]。たとえば、いったん簡単な依頼に応じると、同じ主題についてもっと重荷になるような依頼へと強められても断りにくくなるとか、先に好意を見せられると返礼が必要になるなど、態度の整合性や相互性の効果や、依頼者あるいは提供された情報が備えている権威性や好意とか魅力などの効果も指摘されています。しかし、これらの説得技術の駆使と「世間」の持つ影響力との関係は簡単ではないのです。説得者や依頼者が「世間」の意向の代弁者となって、「世間」の立場を擁護するために説得技術を駆使して説得や依頼を行うことが、各個人の人生そのものにプラスに働くのならば、これらの研究知見は極めて貴重な存在でしょう。いわゆる村八分現象のように排除・排斥のみを表面に押し出すのではなく、村の多数派の立場を支える「世間」の常識や決まりを葛藤なく浸透させるための説得には、これらの技術研究の寄与は有効でしょう。ここで大切なことは、多数の村人に支持されている「世間」の意向なるものが、十分にその正当性や論理性を備えていることでしょう。

第5章　「世間」への「私」の気持ち――心理的対応

第4章で述べてきたように、「世間」は個人の言動や考え方を評価したり、規制したりするだけではなくて、「世間」の一員として認めて包含したり、逆に排斥したりするのです。このような「世間」からの働きかけに対して、個人の側はどのようにふるまうのでしょうか？「世間」の意向をしたり顔に代弁する「他者」の言動に「私」の代理人として直接曝される「自己」は、その「私」への「世間」の意向を肌で感じ取って、その内容や状況を主体的役割を担っている「私」へと伝達するのです。その伝達された情報に対して、「私」が「自己」に「世間」の意向への対処の仕方を伝えるという形で、「私」と「世間」との交流は成り立っているのではないでしょうか。

1　得意になったり、恥ずかしがったり――自尊感情と羞恥心

「私は自分自身を客観的に見ることはできるんです」！

人々の「私」は、「世間」との交流に際しては、「自己」の状態に気づいたり意識したりします。たとえば、小説での例ではありますが、松本清張(54)の『砂の器』の文中に、「今西は、考えれば考えるほ

どわからなくなってくる。が、ふと自分が殺人事件でも何でもない、ただの病死をしきりと追っていることに気づいた」という一節がありました。また、現実の例としては、二〇〇八年、福田康夫首相（当時）が辞任表明会見に臨み、会見がいつも他人事のようだ、との記者からの指摘に対し、「私は自分自身を客観的に見ることはできるんです。あなたと違うんです」と叫び、話題になりました。ここでの「自分自身」は本書での「自己」に当たるのでしょう。

これらの例は、「私」が自らの「自己」に気づいた場合ですが、大方の場合は、外部の人々による「自己」への働きかけに応じて「私」は「自己」に注目するのでしょう。「自己」の現状は「世間」からどのように評価されているのか、「自己」は「世間」からどのような状態になることを求められているのか、「自己」は「世間」に受け容れられている（包含されている）のか、逆に排斥されているのではないのか、などに気づくのです。

自覚状態と自己意識

このように、「私」はあるときは「自己」の内面（外部からは直接観察されないような状態や特性）に注目し、また別のときは「自己」が外面に曝している状態や特性に注目するのです（なお、ここで「状態」と表現したものは、言ったり、行ったり、考えていたり、知っていたり、知らなかったりしている様子のことです。また、「特性」と表現したものは、性格とか態度、身体や、生理的な個人の特徴のことです）。この点に着目したA・H・バス(39)は「内面」と「外面」、「自覚状態」と「自己意識」との組み合わせの四分類を提唱しています。「自己」の内面（外部からはとらえられない特性や状態）に気づくのを「私的自覚状態（private self-awareness）」、外面（外部からもとらえられる特性や状態）に気づくのを「公的自覚状態（public self-awareness）」とに分け、さらに、「私」の意識の対象が「自己」の内面的特性や状態である場合は「私的自己意識（private self-consciousness）」、外部からとらえられる「自己」であれば「公的自己意識（public self-consciousness）」とに分けて考察しています。ここで、「自覚状態」と表現しているものは、人々一般の傾向として、「自己」の内面に注目する場合と外面に注目する場合との心理・社会的特徴を分けているのですが、「自己意識」と呼んだものは、「個人差」への着目であって、私的側面のことを意識しがちな人と、公的側面を気にしがちな人との違いに目を向けている区別なのです。さらに、「私」が「自己」の状態、特に公的側面を「他者」の面前に曝すと、「他者」に注目され、「世間」に評価されたり排斥されたりしないかと不安が高まる状態になるのを、バスは「社会的不安（social anxiety）」の高まりと呼んでいます。そして、社会的不安と特に公的自覚状態との関係を図５－１のように分類しています。

社会的不安の分類

図５－１中「当惑感（embarrassment）」とは、たとえば、人前でお腹がグーと鳴ったとか、若い男性がエレベーターに駆け込んだら中には若い女性ばかりが五、六人乗っていた場合などに感じる不安であって、自立神経系の反応としては副交感神経優位となり、赤面し、心拍が低下し、戸惑い、当

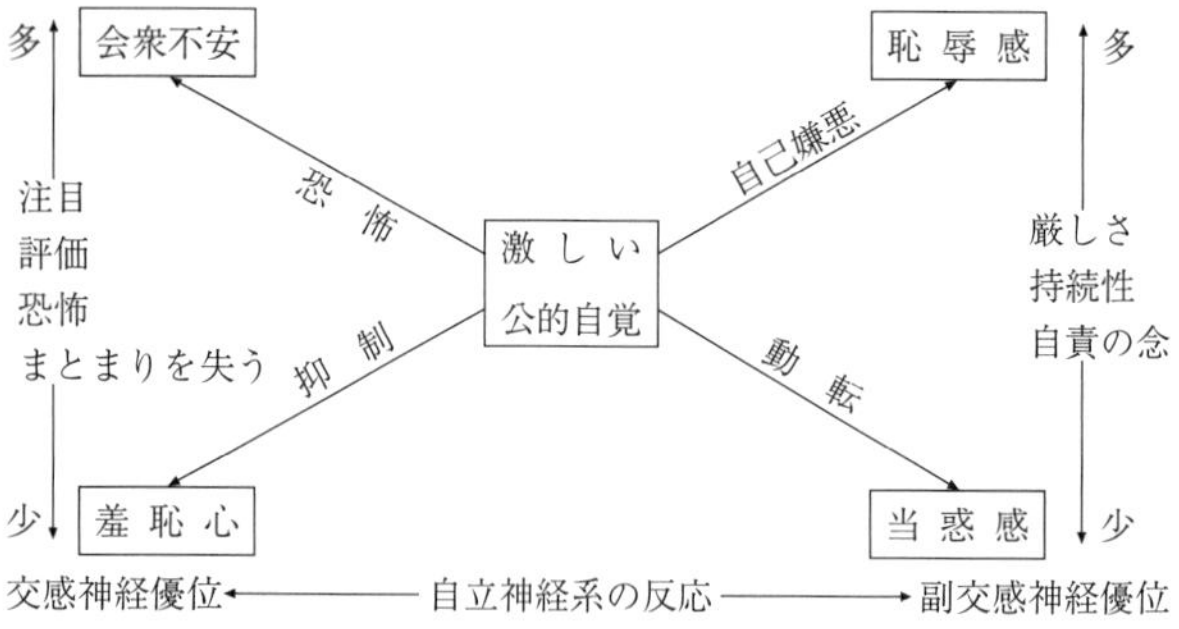

図 5-1　バス[39]による社会的不安の下位領域と公的自覚との関係（筆者訳）

惑している状態になることです。ただ、これらの反応は一時的で、さして深刻なものではないのです。

「恥辱感（shame）」とは、周囲から役割を果たすことを期待されているのに期待はずれの状態に陥ったり、非道徳的なことを行ってしまったりした（たとえば、親しい友人を欺いてしまった）ことへの自責の念、自己不信に伴う劣等感や、「自尊感情」（後述）の低下などの徴候が現れるのです。心拍は低下し、「他者」からの視線を避け、非社会的になりがちです。この徴候は持続的で、激しいショックを伴いがちなのです。

また、「羞恥心（shyness）」とは、初対面の人に会うとか不慣れな役割を担うなどの場合に、人目が気になり、言動は抑制され、ぎこちない反応となりがちな現象です。交感神経が優位で顔が青ざめ、口数も減るのですが、これらの反応は一時的で、比較的軽微なのです。この羞恥心と類似な反応ではあるのですが、徴候が激しく出現しがちなのが「会衆不安（audience anxiety）」です。大勢の前で不慣れな役割、たとえば講演をするとかスポーツをする場合などで、その場面に立ち向かうことへの不安が高まり、顔面蒼白になり、心拍が速くなり、眼球が落ち着きなく動くというような徴候が目立ちます。経験を積めば、慣れて逆に「自己」を目立たせるよい機会と受け取り、「自己顕示（self-exhibition）」的（後述）になるのですが、不慣れな間は激しい萎縮的な反応を伴うのです。

「世間の目」に曝される不安

このようにバス(39)は社会的場面で人々の「私」が感知する不安感情を四種に分けているのですが、日本人の感覚では、要するに「他者」の面前で「自己」の外面（のみならず、時には内面の一部分まで）を曝してしまったとか曝しそうだと感じて、その結果、「他者」から批判されたり、嘲笑されたり、気の毒がられたりするのではないかという恐れや恥ずかしさなのでしょう。「他者」は一人の場合もあるでしょうが、たいていはある程度複数の人々であり、当面の個人の「私」は、それらの「他者」の面前に曝した「自己」の姿が、「世間の目」にどのように映ったか（あるいは映るか）を危惧し、「世間」に恥を曝した（曝しそうだ）と感じた結果が顔面蒼白になったり、赤面したりするのでしょう。しかし、先に挙げた例で、エレベーターの中で五、六人の若い女性に囲まれて、若い男性が一人だけ乗り込んだケースの場合、この若い男性は眼前の女性群へは恥じらいを感じたでしょうが、そこには「世間」は登場しそうもありません。ですが、なぜ若い異性に囲まれて若い男性が一人だけエレベーターに乗っていることが赤面を誘導するのでしょうか？　無論、生物的な反応ではありましょうが、それだけではなくて、「世間」の常識として、若い異性の前では立派に格好よくふるまうことが求められているのに、突然に、しかも多数の異性の目に曝され、度を失った「自己」の姿はどう見ても格好が悪く、不細工であって、「世間」の常識に反する状態にいるのです。要するに彼女たちの目線の背後に、彼は「世間」からの評価の目を感知しているのではないでしょうか。その上、たしかにエレベーターの中には「世間」は存在していないのですが、彼女たちの口を介して、若い仲間たちの噂として、彼が赤面したという事実が一気に広まるのではないかということも気になります。要するに、この彼の失態が「世間」に広まることへの危惧も感じたのではないでしょうか。

「世間の目」への羞恥心

なお、羞恥心については、菅原健介(63)が実証的データに基づいて、特に近しい相手や全くの見知らぬ相手には羞恥心はそれほど高まらないが、ほどほどの知り合いに対した場合に強く恥じらいを体験するのだと指摘し、相手との心理的距離（親密度）を横軸に、羞恥心の強度を縦軸に取ると、羞恥心は親密度の両端では低く、中央で高くなる山型（逆U字型）になるというのです。このことは、すでにたびたび引用している井上(12)が指摘しているように、「世間」はミウチとタニンとの中間に存在するということと相通じるものがあり、「世間」でこそ羞恥心は強く作用するのではないかとも考えられるのです。「世間の目」に曝されることが「恥ずかしさ」を強めるのです。また、井上は、自らの研究データや先達の指摘などを参考に、いわゆる恥意識を「公恥」「私恥」「羞恥」に分けています。公恥とは、行為の主体が「自己」の所属する集団とか準拠集団内での評価における「自己」の位置を、劣位とか孤立という形で意識した場合です。私恥とは、行為主体の理想の状態との関係で、主体が「理想（かくありたい）自己（ideal self）」と「現実（である）自己（real self）」との比較評価で、理想自己に遠くおよばない現実自己を恥じる場合です。羞恥とは、所属集団の状態と行為主体の描く準拠集団とのズレが生じ、「他者」のまなざしを介してそれを意識化したときに覚える恥じらいだというのです。要するに、これらは人々の体験しているいわゆる羞恥心なのでしょうが、ここで行為の主体と表現されているものこそ本書でいう「私」なのであって、「私」が所属する社会や集団の多数派の人々に支えられている「世間」と、「私」が自らの代理人である「自己」を介して描いている個人の側の「世間」とがズレて葛藤しているところに生じる困惑や恥ずかしさが、井上の言う羞恥なのです。

いわゆる「自尊心」と幸福感

ところで、多数派にとっての「世間」と、それとはズレたところにある個人の側の準拠集団である「世間」との関係の中で、個人の「私」とその代理人である「自己」は、所属集団内での「他者」を介した「世間」からの評価に接した場合に、あるときは高い評価に接して自己高揚や自己顕示を体験し、ほかのときは低い評価に羞恥心が高まる形で対応しているのではないでしょうか。そして、先述のバス[40]は別の著作の中で、自己顕示とは、「他者」から称賛・承認されたい欲求に基づき、自己の長所や能力を誇張して示すこととととらえています。この自己顕示と似た概念で広く用いられているものに、「自己高揚（self-enhancement）」があります。これはS・クーパースミス[42]の青年期についての研究以来、自己関連の中心的話題の一つとなった「自尊感情（self-esteem）」と密接な関係にある概念なのです。まず、自尊感情ですが、一般には「自尊心」という日常語になっているものとほぼ同義なのですが、「私」が「自己」の現在の姿や状態を、過去の「自己」や理想の「自己」の姿や状態と、また、「他者」の姿や状態と比較して自己評価をしたり、「他者」からの「自己」に対する評価を受けて改めて自己評価をしたりした結果、「私」が「自己」の価値・能力などに肯定的、あるいは否定的態度を構成した状態なのです。言葉を換えると、自信の程度、自己満足感の程度であって、「私」の「自己」への感情の問題でもあるので自尊感情と訳されることが多いのです。M・ローゼンバーグ[59]が考案した測定用の質問紙が、翻案されて日本でも多数用いられています。そして、多くの場合、自己評価結果への満足感（自尊感情）が高い人、あるいは高い状態のほうが、低い人、低い状態の時よりも、心理的に高揚した状態や幸福感を体験すると言われています。

ソシオメーター理論

ところが、人々の「私」は、一般に、この自尊感情を高く保ちたい欲求を持つものと考えられていて、そのように日常の言動も思考も向上させようと努力するのみでなく、「自己」の現状を少しでも高い状態であると感知しようとする傾向もあることが指摘されています。このように自己評価結果を向上させていこうとする傾向が自己高揚なのです。そして、自己高揚傾向は、しばしば、高く見たい一心で「私」の自己評価を誤まらせてしまうのです。要するに「私」による自己観や自己評価が不正確になるのです。また、「他者」を介して「世間」からも高い評価を得たいと願って「自己」を現実以上に飾って、称賛されようとすれば自己顕示になるのです。一方、このように、不当に「自己」を高くとらえようとする傾向や誇張的な自己表出は、心理的に不健康であるサインだとも言われています。そのことに注目したM・R・リアリー[53]は、自尊感情を高めて満足感を得て心理的に幸福であろうとするという理論と、そのために現実以上に「自己」を高く評価したり、高く評価されるように「自己」を飾ったりすることで心理的に不健康な状態に陥ることを指摘した理論とは、極めて不整合な矛盾した結果になると主張しています。このことは、自尊感情という概念に社会的視点が欠けているためだと考え、自尊感情は個人の価値づけととらえるのではなく、「自己」が「世間」にどのように、また、どの程度受容されているかについての感知に基づく受容感を示すバロメーターなのだと言い、「ソシオメーター（sociometer）」理論を展開しています。要するに、自尊感情の高低は社会というよりも対人関係において、「世間」から「自己」を受容されていると「私」が感知する程度こそ自尊感情だと言うのです。

「世間」からの評価を高めたいという自尊感情が、おそらくその評価結果との関係で、あるときには羞恥心を高めるでしょうし、あるときは、自己高揚や自己顕示を高めることになるのでしょう。

2　格好つけたり、恐れたり――自己呈示と恐怖心

「世間」に対して「個人」が抵抗して、「世間」の意に沿わない言動や考えをあからさまにすると、前述したように、「世間」で承認されている常識とか決まりなどを受け容れるようにとの圧力が、しばしば「世間」からの排斥の実行、あるいは排斥の予告などの形で個人に強く及んでくるでしょう（第4章第2節）。極端な場合、村八分やいじめに遭うでしょう。また、新聞記事[*9]を見てみましょう。

離婚と女性の立場についての話題です。漫画家の内田春菊には三度の離婚歴があるそうですが、彼女は次のように言うのです。「私は一般的な世間をわかっていない育ちだから物差しにはならないと思いますが……結局日本は法律も『家族制度』が基本でしょう？　女性がそこからはみ出すと、とたんに国からいじめられる」。

排斥の予見の効果

ところで、近年、社会的排斥や排斥の予見について、バウマイスターら[(37)]を初め、一連の研究が行われており、日本でもこれらについての詳細な考察が押見[(57)]によって行われています。特に、「排斥の予見（forecast of future social exclusion）」に関しては、その特異な実験操作が注目されます。「性格検査結果に基づく診断的予言として、人生の晩年には一人ぽっちになる見込みである」との情報を与え

られた人々への心理的効果を調べているものです。押見はこれに関連する四一の実験の手続きと結果とを検討しており、それによると、排斥の予見の効果としては、社会での将来の包含関係を期待したり、怪我や失敗という不吉な予想などをするよりも、攻撃的となったり、非援助的であったり、「自己」制御が低下し、知的思考力も低下することなどが見出されているようです。なお、これらの実験結果によると、将来の排斥の予見の効果には、感情や気分との関連は見出されていないようなのですが、これは、遠い将来のことなので、現実感が希薄なために感情の効果が見られないのか、あるいは、排斥の予見によりその後の適応のために「情動麻痺（emotional numbness）」に陥っているのかもしれませんが、いずれにせよ、いささか意外な結果ではあります。

排斥への予防装置

このような遠い将来における排斥についての予見でも、いわゆる感情効果は見られないにしても、攻撃性や非援助的傾向が強まるなど、かなりの心理的影響が見られているのですから、現実の言動や思考に対して、「世間」からの社会的排斥を受けたり、排斥への警告を受けたりすれば、それらに対して何らかの防衛的反応を示すのではないでしょうか。「私」は「世間」へ示す「自己」の姿を、「世間」の代弁者である「他者」の意（意向）に添う形に、あるいは少なくとも意に逆らわない程度には修正したり変容させたりするのではないでしょうか。「私」が、「自己」が傷つくのを避けるために、「他者」を介して「世間」に対して曝け出す「自己」の姿や状態を修正・変容させるのが、Ｅ・ゴッ

表5-1　テダスキーとノーマン[65]による「自己呈示」行動の分類（安藤訳[35]）

	戦術的	戦略的
防衛的	弁解 正当化 セルフ・ハンディキャッピング 謝罪 社会志向的行動	アルコール依存 薬物乱用 恐怖症 心気症 精神病 学習性無力感
主張的	取り入り 威嚇 自己宣伝 示範 哀願 称賛付与 価値高揚	魅力 尊敬 威信 地位 信憑性 信頼性

フマン[45]以来の「自己呈示（self-presentation）」現象なのです。「私」と「他者」や特定の集団との交流が極めて個人的であるとか、問題が極めて限定的な場合は、自己呈示も個人的なものでしょうが、いわゆる社会的常識だとか道徳的な話題や場面になってくると、自己呈示的言動の含意にも世間的配慮が働くのではないでしょうか。

自己呈示は「印象操作（impression management）」とも呼ばれることがあります。「印象形成（impression formation）」の材料になる「自己」の言動や思考を「私」が調整することで、「他者」が抱く「自己」への印象を操作し、統制しようとするのが印象操作です。この自己呈示あるいは印象操作の具体的な日常行動について、J・T・テダスキーとN・ノーマン[65]は表5－1のように分類しています。

この分類は、それぞれの手法が目指している効用の面から行われているように思えるのですが、まず、戦術的と戦略的という分類は、その自己呈示的言動の視点の広狭によって行われているのであって、個別にその場その場で有効な手法のことが「戦術的（tactical）」で、統合的・長期的視点からの戦法が「戦略的（strategic）」なのです。また、防衛的と主張的という分類は、自己呈示への積極性からのもので、「自己」のイメージの低下や傷つくのを防衛する手法が「防衛的（defensive）」で、積極的に「自己」の有利な点を売り込むのが「主張的（assertive）」と呼ばれているものです。

事前に行う自己呈示

なお、筆者は、このような分類視点のほかに、それぞれの自己呈示的手法と当面の事象の生起の時系列（事前・最中・事後）との関係からも分類可能なのではないかと考えます。表5－1中に呈示されている手法で言えば、「事前」に行われるものの代表的なものは「セルフ・ハンディキャッピング（self-handicapping）」でしょう。これからしなければならないことについて、「私」は自信がない、失敗しそうだ、恥をかきそうだということが予想される場合に、事前にそのことに関して「自己」にとって不利な条件を強調したり作り出したりすることで、次に当面する状況の中で体験するかもしれない「自己」の情けない状態への理由づけをしておくのがセルフ・ハンディキャッピングです。この現象について、安藤[35]は従来の研究結果に沿って丁寧に紹介・解説を行っていますが、その中で、この現象のわかりやすい日常的な例として、「自分の部屋の前で道路工事が続いていて、その騒音でとても試験勉強などできる状態ではないときに、別の比較的静かな部屋でやるようにという両親の勧めに従わない子ども」の行為を挙げています（七三頁）。この子どもは試験に失敗した場合の予防線に、部屋がうるさかったからという口実を作っているのではないでしょうか。

進行中の自己呈示

事の進行中の自己呈示の例を表５－１に求めれば、「哀願（supplication）」や「取り入り（ingratiation）」などでしょうが、ここでは「取り入り（いわゆるゴマすり）」を取り上げてみましょう。事の進行中に、相手（「他者」）の気に入るような言動を示すことで相手が「自己」に対して抱く印象をよい方向に操作して、「自己」が傷つくことを避ける努力です。たとえば、ザンナとＳ・Ｊ・パック(71)の研究を見てみましょう。若い女性が、彼女にとって魅力的な男性と交際してみたら、この男性のものの考え方が男性優位の性役割意識が強いことに気がつきます。すると、この女性はわざわざ、自らの知的能力を低めに見られるように努力し、「私」も伝統的な女性観の持ち主らしい「自己」を描写して見せたというのです。

事後の自己呈示

事後における自己呈示の典型例は、「弁解（excuse）」や「謝罪（apology）」でしょう。謝罪は一般には素直に自己の非を認めて、謝り、許しを乞うのですが、一たび非を認めてしまうと、責任を追及され不利になる危険も含んでいるのです。そこで採られる手法が、弁明とか弁解と言われる手法です。「自己」の非を取り繕って責任回避し、「他者」からの非難を防止、あるいは軽減を図るのですが、その弁解にはもっともらしい合理的な理由がつけられるほうが有効なので、批判の対象となっている「自己」の言動にはそれなりの正当な理由があったと「正当化（justification）」することもあるでしょう。

「世間」への恐怖心

ところで、「世間」からの抱排、特に排斥への反応としてこのような自己呈示的言動が生まれる原因の一つは、「世間」に巻き込まれて意に沿わないことに従事しなければならないとか、逆に「世間」から排除されて、周辺からの非難・批判に曝される状態に追いやられるかもしれないとかいうように、周辺の「他者」を介しておよんでくる「世間」からの働きかけに対応して、「私」が感知する「恐怖心（fearfulness or worry about）」なのではないでしょうか。このような恐怖心を喚起する誘因について、工藤力とD・マツモト[52]は日米で差が見られることを見出し、米国人では、見ず知らずの人との接触が、次いで首尾よく成し遂げようとしているときに感じる失敗への不安が、恐怖心を高めています。それに引き換え、日本人では、初体験の状況での失敗の心配や規則違反への不安が恐怖心を高めるのに、未知の人との接触への不安・恐怖はほとんど感じられていないと述べています。要するに、米国人では犯罪への恐怖、日本人の場合、不慣れや失敗の危険が高い状況での周囲（「世間」）からの抱排処置への恐怖が強いようです。

なお、ここでは個人が感じる対「世間」への恐怖心を主として、抱排の働きの面から取り上げましたが、「世間」からの働きかけへの恐怖は、排斥や排除に対してだけではなく、どのように評価され、どのように規制されるのかについてもしばしば感知されるでしょう。貶されたり、無理強いされたりすることへの恐怖も当然体験されるであろうことを付言しておきます。

3　方向づけたり、頑張ったり——自己コントロールと向上心

「私」が感知する「世間」からの働きかけの一つが規制です。直接的に「ああしろ、こうしろ」と言うわけではないけれど、代弁者である「他者」を介して、「そんなことでは世間は通らないよ」とか、「これは世間の常識じゃないか」などと、当面の個人の言動への方向づけが行われるのです。と同時に、「世間」の代弁者としての役割を担っている「他者」自身も、彼の言動を彼が信奉している「世間」によって方向づけられているのです。この場合、当面の個人の「私」はまだ「世間」からの方向づけに同調しているのではなく、むしろ反世間的言動を「自己」を介して「他者」に表明しているので、すでに「世間の常識」を受け容れてしまっている「他者」から働きかけられているのです。

「世間」への対応の原因

ところで、同じようにいわゆる「世間」の常識がまかり通っている社会生活場面で暮らしながらも、「自己」が「他者」からの働きかけに同調する原因を、「私」がその状態を好ましいと判断したからだと思う人もいれば、「他者」からの働きかけが執拗で強力だったからだと思う人もいるでしょう。同様に、「世間」の意向を代弁して「自己」に伝えている「他者」の中にも、「世間」の意向が妥当だと

思っているから伝えている人もいれば、とにかく「世間」が伝達するように強く求めてきたから伝えている人もいるでしょう。このように、様々な状況や出来事の原因を特定の対象に求める心理過程を「原因帰属過程（causal attribution process）」と呼んでいます。これについては外山[68]による要を得た解説があります。

原因帰属の方向のコントロール

このような「原因帰属」の方法には個人差があることに着目して、たとえば、電車に乗り遅れた場合に、その原因を「私が寝坊したから」と「私」に求めがちな人と、「電車がいつもより少し早く出てしまったからだ」と「私」以外の外部要因に原因を帰属させる傾向が強い人とがあると考え、個人差を測定する質問紙を作ったのがＪ・Ｂ・ロッター[60]なのです。「Ｉ－Ｅ統制尺度（Internal-External control scale）」と名づけられ、「自己」に生じる様々な出来事の原因を、「私」がコントロールできるとか「私」がコントロールした結果だと認知する傾向の強い人と、「私」にはどうしようもない外部条件に依っていると受け取りがちな人との識別がねらいです。この考え方から、個人と「世間」との関係を見ると、反世間的言動を示す個人は、「世間」が「自己」に規制的に働きかけてくるのは「自己」の反世間的言動のせいであって、それにどのように応じるかは「私」がコントロールできるし、しなければならないと受け取りがちでしょう。一方、「世間」の代弁者としての「他者」は、受け手の「自己」に「世間」の意向を伝えているのは「世間」がそのようにすることを求めているからだと考え、その原因を「世間」に帰属させて、外部要因である「世間」がコントロールしていると感知しているのでしょう。

自己コントロールの三段階

近年、物事の原因を「私」がコントロールできると見る傾向を、「私」が「自己」の言動・思考をコントロールするという観点からとらえ、「自己コントロール（self-control）」とかその一手段である「自己制御（self-regulation）」の働きとして研究する方向が見られるようになってきたようです。いわば「自己」にかかわる現象をどのように、またどのような条件下で、「私」がコントロールすることが可能であったりするのであろうかが問われているのでしょう。

この点に着目して、押見ら[58]は、情報処理過程におけるＴＯＴＥ（Test-Operate-Test-Exit）フィードバック・ループの手順を手がかりにして、自己コントロールの三段階を抽出しています。目標と「自己」の状態とを比較検討（test）して、不一致を減少させる操作（operate）を加え、その具合を再度検討（test）して実行に至る（exit）とする三段階です。このような自己コントロール過程の分析を、わかりやすい表現に換えて、内省、比較、実行の三機能の出現過程であると考え、従来の研究との接点を探っています。

まず、内省機能にかかわるものとしては、前述のデュヴァルとウィックランド[9]による自覚理論（第2章第2節）以来の一連の研究を取り上げ、「自己」への注目・自覚状態と自己コントロールとの関連性を強調しています。たとえば、自覚状態が強まると必ず自己コントロールも強まるかと言えば、必ずしもそうとは言えず、効果的に行えるという結果予期がなければかえって回避し、「私」による「自己」をコントロールしたいという動機づけを低下させることが見出されていると述べています。

また、比較機能については、これも前述のスナイダー[27]による自己管理（第２章第２節）を挙げています。この理論の軸は、外界の状況（周囲の環境とか「他者」の様子や特徴）と「自己」との比較によって、自己表出のあり方を「私」が管理する程度についてのものなのですが、研究の流れはこの自己管理の上手下手の個人差の追究に向いているのです。この理論を中心に展開されている多くの研究では、ＳＭ（Self-Monitoring）傾向の強い、いわゆる高ＳＭ群は状況への適応的言動・態度を示すので、状況により態度・言動の一貫性に欠けるのですが、低ＳＭ群は状況の変化にかかわりなく「私」の態度・言動における整合性・一貫性を重視する傾向が強いので、状況の変化に応じての自己コントロールには欠けると言われているのです。もっとも、押見ら[58]は低ＳＭ群でも自己の姿が一貫性を保つように「自己」をコントロールしているのではないかと指摘しています。

自己制御資源の消耗

押見ら[58]はさらに、実行機能については、バウマイスターとＫ・Ｄ・ボー[38]による「自己制御耐久モデル（self-regulatory strength model）」を取り上げ、この理論の中心的主張を次の三命題にまとめています。

命題1――あらゆる種類の自己制御はすべて同一の自己制御資源により可能となり、効果的遂行は資源の利用可能の程度に依存する。ここで「資源（resource）」とは、生理過程、習慣、学習、状況の圧力によって引き起こされる反応を抑制し、制止し、換えるために必要な内的資源を意味する構成概念である。

命題2――自己制御に使われる資源は有限であり、自己制御の遂行によって消費され、資源回復にはある程度の時間を要する。

命題3――資源は自己制御の経験の反復により増大させることができ、パーソナリティ特性としても個人差がある。

この三種の命題が一貫して指摘していることは、自己制御を効果的に行うためには耐久力のような資源が必要なのであり、その資源は有限で自己制御の努力を行うたびに消耗され、この「自己消耗（self-depletion）」は徐々に回復されるのですが、それにはある程度時間的余裕を見る必要がある、ということです。自己制御がかなり困難であれば、その困難を克服するためには資源を多量に必要とし、自己消耗が強まるので、引き続き別の課題でも自己制御を必要とされても、資源の回復が不十分なので、そこでの自己制御は十分には行われない（成績が落ちる）というわけです。要するに、自己制御を実行するには、莫大なエネルギーを必要とするし、いったん消耗したエネルギーを回復するにはある程度の時間が必要なのではないかという指摘なのです。

「世間」からの規制の働きかけと自己制御

このような自己制御について、押見ら(58)によりとらえられた内省・比較・実行の三機能を軸に、「世間」からの規制の働きかけへの個人による対応の仕方を考えてみましょう。「世間」からの規制圧に直面したときに、個人の「私」は、その圧力に抵抗して「自己」の現状を維持しようとするか、「他者」からの要請を受け容れる形で「世間」の規制に従うかのいずれかの方向に向かうことになるでしょう。規制圧による刺激で、「私」は改めて「自己」に注目し、「自己」の現状と規制圧の求めるものとを比較検討し、より適切と思われるいずれかの方向へ「自己」を向かわせるために有効な資源を活用して、「自己」を制御していくのではないでしょうか。この努力は自己消耗を伴うのですから、「世間」からの規制への対応も、特に「世間」からの規制に抵抗するためには、莫大なエネルギーの消耗を必要とするでしょう。他方、「世間」からの規制をそのまま受け容れる場合は、「他者」との葛藤を伴うことも少ないから自己消耗も軽度でしょう。ですから、個人はしばしば安易な道を選んで、「世間」に迎合しがちなのではないでしょうか。

自己制御と向上心

しかしながら、「世間」からの規制の方向や内容と、それへの対応を迫られている個人における「自己」の現状やより望ましいと思っている方向とでは、社会規範とか道徳律などの視点から見た場合に、いずれが正当性を持っているかは、一概には決めかねることでしょう。結局は、個人の「私」

が設定した判断基準に照らして、より望ましいと思う状態を維持したり、その方向へと改善・向上を目指したりすることになるでしょう。「私」にとって望ましい状態に「自己」を保つか、あるいはその方向へと「向上心（desire to improve oneself）」を持って自己消耗を続けるのではないでしょうか。

ところで、前述の押見ら[58]は、この自己制御における努力目標と実際の努力との関係についてもいくつかの理論を紹介しています。たとえば、E・T・ヒギンス[46]による「自己制御フォーカス（self-regulatory focus）」理論では、自己制御のパターンには、制御行動によって生じるポジティブな結果に注目する「促進的焦点づけ（promotion focus）」と、ネガティブな結果に注目する「予防的焦点づけ（prevention focus）」とがあって、前者は理想自己と関連してよりよい状態を求めていく自己制御ですが、後者は「義務自己（ought self）」と関連して、やりすぎなどを予防していく自己制御だというのです。なお、両者とも目標達成を目指して自己制御するのですが、この両者の違いは目標の状態や目標への接近の仕方の違いだということです。常識的に考えれば、失敗を避けるよりは成功を追求するほうが現状改善への向上心を刺激するでしょう。なお、「世間」対個人の視点で、自己制御を一つの手段として行われる自己コントロールにおいて設定されている目標と「向上心」との関係を見ると、多分、問題になるのは、いわゆる「世間」の意向がどれほど個人にとって、また、社会生活から見て、正当性・合理性・論理性を保持しているかということでしょう。

第6章　「私」による「世間」のとらえ方

いままで述べてきたように、個人には主体的役割を果たすものとしてその存在を想定されている「私」と、その「私」によって心理・社会的存在として具体的に把握され、「私」の代理人的役割を果たす「自己」とが含まれています。また、個人にとっての生活の場である社会生活場面には、「私」に対して、生活の場における暗黙の了解事項としての諸般のルールに基づいた様々な情報（批判、叱責、称賛、排斥、親愛、強制など）を発信する役割を担っている「世間」と、その「世間」の意向の代弁者として「自己」と心理・社会的交流を実現させている「他者」とが含まれているのです。この中で、結局、問題の焦点は個人の主体的役割を果たしている「私」が「世間」からの働きかけをどのように「意識」し、どのように「感じ取り」、それに対してどのように「対応」していくのかという心理的過程のありようにあるのではないでしょうか。

1　「世間」に気づき、「世間」を考える――意識化

小説における「世間」の用法

まずは小説の中での「世間」の用法例から出発することにしましょう。今野敏[51]による警察小説の一つである『隠密捜査』の一節に、「伊丹は、常に世間の眼を意識している。自分が官僚の中では庶民派であり、世慣れていると、他人に思わせたいのだろう。その分、世間の常識というものをわきまえているつもりになっているのかもしれない」（一八〇頁）とあります。この短い文中に「世間」が二度登場してくるのですが、ここではまずもって「世間の常識」を取り上げましょう。

一般には「世の中の常識」という表現のほうが多く用いられているでしょうが、要するに多くの人々が知識として心得ていることでしょう。ですから当然、その内容から外れたり、あるいはその内容を否定したりするような知識は認められないのであって、その常識を肯定することを求める「世間」からの圧力が想定されているのですが、その圧力を一層強調すると「世間の決まり」ということになるでしょう。

この「世間の決まり」について、そのような決まりがあるなどと気づいたこともなく、わが道を進んでいると、「世間」の代弁者である「他者」から「世間知らず」には困ったものだなどとその無知を嘲笑されたり、批判されたりするでしょう（「はじめに」の冒頭を参照）。けれども、実は「他者」

が主張するほどに「世間の常識」が合理的根拠を持った知識であるとは限りません。「私」が「世間の常識」とは別の内容にこそ合理性があると思えば、この「世間の常識」として示された内容を無視したり否定したりすることになるのです。このような、「世間見ず」の状態である個人の「私」がその立場のよりどころとしている準拠集団と、「他者」にとっての準拠集団である「世間」との関係はどのように考えたらよいのでしょうか?

「世間」と組織との規範意識についての葛藤

先の小説における例文に、「世慣れていると、他人に思わせたいのだろう。その分、世間の常識というものをわきまえているつもりになっているのかもしれない」という表現がありました。この表現の背後には、この小説の主人公の一人である伊丹は、警察組織の中でのエリート官僚であり、当然に警察という社会組織の一員なのですから、その組織における決まりを、彼の準拠集団における基準・規範として受け容れているのですが、同時に警察外の一般の世の中に通用している「世間の常識」や「世間の決まり」にも理解を示しているという、二重の規範に挟まれた状態を表しているのだと思います。このような二重の準拠集団の存在は、この両者の準拠規範が大きく相反していなければ調節も可能でしょうが、その方向の違いが激しくて、葛藤するほど煮詰まった状態になると、いずれか一方のみの判断基準を受け容れて、他方には反旗を翻さざるを得なくなるでしょう。この警察官の「私」は、警察の規範と「世間の決まり」との間で深刻な葛藤を経験することになるであろうことが予想されるのであり、実際、この小説の展開もそのような方向に進む筋立てでした。

世慣れて「世間」の常識をわきまえているようにふるまうことは、「私」は「世間」を知っている、「世間知」を持っているということですから、言葉を換えれば、「私」が「自己」を介して「世間」からの働きかけを意識化しているということだと思います。さらに言えば、「世間の目」を意識している状態なのです。つまり、「世間の決まり」に対して個人の「私」がどのように反応しているかを「他者」を介して「世間」が監視していること、表現を換えれば、「世間」から監視されていると「私」が意識している状態のことなのです。

規範の葛藤の意識的処理

しかし、「私」が「世間の目」を意識して、「私」の判断基準に「世間の常識」を取り込んだ場合、「世間の常識」に接するまでに保持していた「私」本来の判断基準、あるいはその時点での「私」の所属集団が保持している判断基準などとの関係を見定めておかねばなりません。たとえば、天野祐吉は『朝日新聞』[*10]のコラムで、「世間には、ファースト・レディーは規格を外れては国の恥になるとか、とくに日本は夫唱婦随型が望ましいとか、いろいろ異をとなえる人もいることだろう」と鳩山由紀夫首相（当時）夫人の海外での派手で目立ったふるまいについての「世間」の反応を予測し、それに対して夫人の言動をむしろ擁護する立場で次のように論を進めています。「規格にこだわる考え方は、大量生産に支配された二〇世紀の産物であって、規格にしばられた考え方にはあきあきしている人も多い。むしろいまは、それを軽やかにこえていくような新しいものを、みんな無意識の内に、もとめているんじゃないだろうか」。この一文から推測すると、天野は、従来型の「世間」の働きから見れば、首相夫人の国外でのふるまいは規格外れだと見られるであろうことは認めながらも、二一世紀には新しい「世間」、すなわち、特定の考え方や行動の仕方を規格として受け容れる必要はなく、もっと「自己」の表現は自由であってよいのではないかとする風潮を伴う「世間」の登場を待望しているように思えるのです。新旧二つの「世間」に板ばさみになるのではなく、新基準にこそ合理性があると割り切ることで、ジレンマに陥ることを避けているように思われます。無意識ではなく、意識的解決を待望しているようです。しかし、多分、従来型の規格を信奉する「世間」の代弁者たちからは、天野は「世間知らず」の規格外れの存在で、品位にも節度にも欠けた自由人だと見なされてしまうのではないでしょうか（とはいえ、筆者は彼に、気を落とさずに今後もこのコラムに健筆を揮っていただきたいと願っています）。

なお、このような天野流の世間観とほぼ同根とも思える意見が、二〇一〇年三月の『朝日新聞』[*11]上に載りました。冬季オリンピックのスノーボード日本代表としてバンクーバーに向かう際の、國母和宏選手の乱れた服装についての「世間」による品格論への精神科医、斎藤環の所論です。斎藤は、「日本の相撲界への同化を拒否した朝青龍が『横綱の品格』を常に問われたのと同列に、『自分流』を貫こうとした国母選手の服装と態度が悪として叩かれる」とし、「倫理より印象で世間は叩く」と反発しています。これは、天野と同じく、世の中一般の準拠集団である「世間」の規範と、そこからの逸脱者にとっての「世間」の規範との葛藤の意識的処理を求める現象でしょう。

2　「世間」に誇り、「世間」に恥じる――感情化

先に引用した乙川[23]の小説の一節を再度思い出してみてください（第3章第1節）。「世間は怖いですね」。この例のように、人々は「世間」からの働きかけには、理性的に冷静に反応するよりは、怖い、恥ずかしい、嬉しい、悲しい、驚きなどのように感情的に接する傾向が強いように思われます。架空の話ですが、実際にも生起しそうな事例を挙げてみましょう。

某先生の失敗

某先生は教え子の結婚披露宴に主賓として招かれました。そして、媒酌人による新郎新婦の紹介に名を借りた「自己宣伝」が延々と続いて、場内はすっかりダレ気味になったところで、某先生の祝辞の出番となりました。若干のユーモアを交えながら、ピリッと辛口の訓話を簡潔に終えて、場内からは盛大な賛辞と取れる拍手を受けて、成功裡に満足感を覚えながら、大役を無事に終えた安堵感とともに着席して、緊張していたので口に乾きを覚え、眼前に置かれていたコップに手を差し伸べました。ところが、未だ緊張の解けていない興奮状態のために手が震えていたので、コップを持ち損ね、テーブルの上に水を華々しく撒いてしまいました。某先生は周章狼狽、羞恥心、恥辱、恐縮、自責の念な

どの感情で身の置きどころのない状態に陥ったのでした。同じテーブルに着席していた人々は、さすがに紳士・淑女ばかりなので、大声を上げたり大騒ぎをしたりするようなこともなかったのですが、先ほどまで気持ちよく彼に賛辞を呈していた手前、この状態にどのような顔を彼に向けたらよいのか困惑し、同情と同時に憐憫や多少の非難のまなざしをチラリと見せてから、彼と目が合わないように顔を伏せてしまいました。

この場合、某先生はなぜ羞恥心や恥辱感、恐縮や自責の念に苛まれたのでしょうか？ もし、自宅の食卓でコップを倒したら、家族も本人も大騒ぎをしながらこぼれた水の処理に協力し、家族からは「ちゃんと気をつけてよ」と遠慮なく非難されるでしょうが、本人は笑いながら「ゴメンゴメン」と謝りはするものの、さして羞恥心や恥辱感に苛まれることもなく、笑い事で過ぎてしまうでしょう。ところが、披露宴で、しかも主賓の席では、この失敗を笑ってやり過ごすことはもちろん、その場にいることさえ、耐えられなかったのではないでしょうか。

宴席と「世間」への感情

たびたび引用させていただいている井上[12]論文の指摘によれば、「ミウチの恥にフタ」であって、家庭内での失敗はソトの場面や公的状況に広がるようなことはなく、そこには「世間」が登場する余地はありません（一二四頁）。そして、披露宴の席に集まった人々、特に同じテーブルに着席中の人々は明らかにミウチではないのですが、しかし、街中で行き来している人々のようにいわゆるアカノタニンでもありません。同じ宴席に招かれて、新郎新婦の結婚を祝うという同じ目的で集まっている人々なのですから、某先生にとってはミウチとタニンとの中間的関係にある人々ということになります。これが井上のいうセケンを代弁している人々なのでしょう。この人々の非難や同情のまなざしやしぐさに接するのは、正に「世間の目」に曝されている状態なのです。そして、これも先に引用した菅原[63]が指摘しているように、親しさが中程度のときに羞恥心はピークを迎える（第5章第1節）のですから、某先生の羞恥心は正に、ミウチとタニンの中間のセケンに対しての感情の発露であったのでしょう。

前述したように、その披露宴の席に「世間」という実体は存在していないのです。そこに集まった人々も自らが「世間」の一員だということを意識しているわけでもないでしょう。ところが、その席上で、非常識な、あるいは、非日常的行為をしでかした当人は、周囲の人々のまなざし、表情、ささやきなどから、「世間」からの非難、冷笑、侮蔑などの働きを意識し、感じ取ってしまうのです。周囲の人々の背後に「世間」の存在を意識し、そこからの働きかけに感情的に反応するのです。ところが、その宴席に集まった人々は「世間」なのでもなければ「世間」を構築しているわけでもないのです。ただ、「世間」の代弁者にすぎないのです。自らが「世間」だとは言っていないのですが、「世間」はあなたの行為を「みっともないと非難したり冷笑したりしてますよ」と、「世間」が感じたり考えたりしていることを「世間」の立場に立って、「世間」の代わりに某先生に伝えているのです。ですから、この失敗の当事者である某先生は「世間」から非難され、排除されるかもしれない恐怖を感じ、面目丸つぶれへの羞恥を感じてしまうのではないでしょうか。

公恥と私恥

ところで、この場面における失敗の当事者である某先生の、個人としての「私」と「自己」との関係はどのようになっているのでしょうか？　「他者」の目を介して働きかけてきた「世間」への感情的反応、特に羞恥や恥辱、自責の念などを感じた場合の「私」と「自己」との間は、かなり複雑なのではないかと思われます。この席で主賓であるという公的な立場で「世間」と接している公的「自己」への「私」の感情と、このような席で失敗をしでかした私自身の姿である私的「自己」の状態に目を奪われている「私」の感情という形で、某先生の「私」は二つの「自己」に接するでしょう。意識としては、先に述べたバス[39]が公的自己意識と私的自己意識とを分けているのですが（第５章第１節）、この場合の公的と私的との区別は、「自己」を「他者」の眼前に曝しているという意味での公的と「他者」の目には触れ得ない内面という意味での私的であって、「公的」自己意識については社会的不安という感情面の関係が強調されていました。この例話での公的と私的との区別とは多少視点が違って、対「世間」と対個人というニュアンスです。他方、この例話での公的と私的との区別にもっと近い分類としては、これも先に引用した井上[12]においては、いわゆる恥意識を公恥、私恥とに分けています（第５章第１節）。公恥は所属集団内での「他者」による評価に傷がつくことへの恥意識であり、私恥はかくありたい自己概念への期待が崩れ去る恥だというのです。

ここでの某先生の「私」による「自己」への感情も、主賓であり社会的地位もほどほどの某先生の公の「自己」の立場に傷がついたことへの感情と、個人として慎重で配慮の行き届いた紳士であるという私的自己概念が崩壊したことへの感情とを、分けてとらえることができるでしょう。その場面に集まっていた人々は、某先生の「自己」による失敗を目撃しただけではなくて、その失敗が生起したのが披露宴という公的場面においてであり、しかも、失敗者が主賓であることも承知しているのですから、当事者である某氏の「私」にとっては、まさに「自己」の姿への公恥の高まりを体験せざるを得ない場面なのです。公的場面で公的立場にあるということは、それなりの言動の規範があり、いわゆる「世間の決まり」があるので、某先生は「世間」が厳しくその失敗を批判するであろうと思い、恐縮し、恥辱感に身を震わせるのです。同時に、某先生の「私」にとっては、冷静沈着な「自己」の姿への自負心や自尊感情が打ち砕かれてしまうのですが、それは、「世間」に対しての公的恥辱感ではなく、あくまでも私的自己評価なのですから、私恥の範囲のように思えます。日常の「自己」の姿を基準にして、そこからはあまりにも劣った「自己」を「世間」に曝すことへの自責の念を禁じ得ないでしょう。

3 「世間」を受け容れ、「世間」から外れる——言動化

「世間」の側からと「私」の側からと

いままで縷々述べてきたように、「私」と「世間」との交流は、「私」の代理者である「自己」を媒介として表出される「私」の意（意向）と、「世間」の代弁者である「他者」によって表出される「世間」の意との接触の形で成立しているのが普通なのでしょう。そして、このような「私」と「世間」との交流の様態（様子）を分析する際には、二つの視点があり得ることは前述の通りです（第4章、第5章）。一つは「世間」からの働きかけに焦点を合わせる場合であり、もう一つはその働きかけに対しての「私」の側の対応を主眼とした場合です。「世間の常識」とか「世間の噂」などに注目すれば、それは「世間」の側からの視点と言えるでしょうし、「世間知」とか「世間の目」などに注目するのは、「世間」に対する「私」の言動や態度に目を向けているのですから、「私」の側からの分析と言えるでしょう。「私」に対して「世間」がその意のあるところを「他者」を通じて伝えるのが「世間の常識」であり「世間の噂」なのですが、それに対して、「世間」が求めていることを心得ている状態を表現しているのが「世間知」でしょうし、「世間」からの評価や規制、言葉を換えれば監視の目を個人が感じ取るのが「世間の目」なのです。

「世間」への同調——世間並み

個人の日常生活において、「世間」への対応の具体的言動には、「世間並み」とか「世間離れ」と呼ばれるものがありますが、これは従来の心理学用語で言えば、同調とか逸脱に当たる現象だと思います。前述のアッシュ[5]による実験研究（第1章第3節）は同調を扱った代表的なものでしょうが、そこでは、「同調行動（cnoforming behavior）」とは多数派が支持している「規範」に「自己防衛」的に近づく行為で、「自己」の尊厳を捨て去るような好ましくない行為というニュアンスが強いのです。しかし、同じく多数派に近づく行為でも、多数派が常に非合理・非正当とは限らないのですから、むしろ容認される場合もあるし、逆に、いたずらに多数派に反旗を翻すのは頑固者、頑迷な存在と見られることもあるでしょう。筆者[55]も以前に個人の同調傾向を測定する質問紙を試作したことがあるのですが、所属している集団の置かれている状況に配慮して、自説を捨てて多数派への同調を応諾する個人のほうが、状況にかかわりなく自説に固執する傾向を示した個人よりも、客観的、協調的、非神経質、気分の変化少、などの人格特性を示したことを見出しています。要するに、「世間」からの働きかけが常に時代遅れで非合理的で非正当とは限らないのですから、多数派の支持する「世間」の意に同調することが常に個人の人間性・個人の尊厳を傷つけることとイコールであるとは言えないということです。

「世間」からの逸脱――世間離れ

また、逸脱行動と呼ばれるものは、多数派に支持されている規範（小集団内での出来事のみでなく、いわゆる社会規範まで含めて）から外れた行為の総称ですから、広くは犯罪行為まで含むことになります。しかし、日常生活の範囲では、逸脱は罪悪としてのニュアンスを持たないどころか、主体性の保持としてむしろ好意的に受け容れられている点では、同調が非主体的と取られやすいこととの表裏の関係にあるのです。近年は、「社会的逸脱（social deviance）」に関する研究者の関心は、小集団的視点より個人や組織体による社会的犯罪傾向のある行為へと向かっているようです。

本間道子[47]は企業によるルール違反的現象に着目して、「組織性逸脱行為（Organizational Misconduct Behavior: OMB）」についての社会心理学的研究を展開しています。また、「世間」との関連がつきそうな逸脱行為の研究としては、風間文明[50]による役割期待と逸脱行為との関係についての調査があります。そこでは、一般に、「ノブレス・オブリージュ（noblesse oblige）」と呼ばれる現象に着目して、社会的地位の高い者による比較的軽微な犯罪というかルール違反行為への大学生の反応を調べています。要するに、社会的に地位が高いと見られている役割とそれほど高い地位だとは認識されない役割とでは、同じ違反行為に対する「世間」（この場合はその代弁者である大学生たち）からの非難・批判的反応における違いがあることを調べたのです。具体的には、同じ軽微な違反行為を犯しても、大学生たちからの批判の程度は、国会議員や大会社の社長などには厳しく、道路工夫とか大工など肉体労働者には極めて寛大であったということです。

「世間体」を整える——世間の目

ところで、「世間の目」が気になれば、あまり批判などを受けないように「世間体」を整えようとするでしょう。この「世間体」については前述の井上[12]が、「『世間体』とは世間に準拠して体面・体裁をつくろい、恥ずかしくない行動をしようとする規範意識である」（二六三頁）とまとめています。「世間」への言動的対応を方向づける働きであって、同調したり反発したり、恐縮したり赤面したりというような様々な反応を誘発する働きなのです。

たとえば、電車の中で、シルバーシートの片隅を占拠して、降車駅まで入念に繰り返し手鏡を見つめながら化粧に余念のない女子中高生に対して、中高年の人々を代弁者として「世間」が「みっともない」と批判することが多いでしょう。ある世話焼きの老人が、知り合いの家の娘が車内化粧に専念しているのを目撃して、その娘の母親にそのときの様子をご注進におよんだのです。これを知らされた母親は、娘に対して「頼むから電車の中での化粧はやめてちょうだいよ。世間体が悪くてしょうがないわよ」と小言を言いました。ところが、娘は「世間体なんて関係ない」とうそぶくだけでした。

規格論への反発——世間の常識

車内化粧の例話は「世間の常識」への同調と逸脱の場面と言えるでしょう。これは先に挙げた天野のコラム*10におけるファースト・レディーのあるべき姿についての規格論と相通じるものがあって、いずれも個人が「世間」の常識の枠を乗り越えたことへの「世間」の働きかけなのです。そして、天野の場合は、規格外れは国際的視点での世間体が悪くて、日本国民として外国の人々に対して恥ずかしくて身が竦むという規格派に対して、規格不要、国際的世間体など気にせずに、「世間の常識」を軽やかに超えてみたらどうであろうかと提案しているのですが、車内化粧の場合に「世間の常識」を超えることへの賛否はいかがなものでしょうか？　要するに、「世間の常識」の持つ合理性・正当性についての判断の問題に行き着くのでしょう。

自己満足と自己修正——世間知

また、たびたび述べているように、「私」の代理人である「自己」の姿に対して、代弁者である「他者」を通じて「世間」の意のあるところが表出されるのですが、それはある時は「自己」を介した「私」への痛烈な批判であったり、厳しい排斥であったりもするでしょうが、また別のときは「世間」が個人を肯定的に受け容れて、賛辞を呈したり、同意を表明したりもするでしょう。そして、「私」は批判や拒否的働きかけには敏感に否定的に反応し、賞賛や受容的働きかけには冷静に肯定的に反応するのが普通のように思われます。ところが、この場合面白いのは、「世間」から高く評価されれば、「私」は高く評価してくれた「世間」に注目するよりも、高く評価された「自己」の状態への肯定的な意識・感情を強く覚えるし、逆に、「世間」から否定的評価を受けた場合は、批判を受けた「自己」の状態に対してよりも、批判している「世間」のほうに意識や感情を向けやすいということです。「世間」による批判的評価には、単純に反発的・無視的に反応するのではなくて、「世間」が批判的評価の中にどのような意図を含めているかに目を向けるのです。「世間」はなにを求めているのか、どのようにすれば「世間」は納得するのか、いかにふるまえば「世間並み」なのかなど、「世間の目」の方向や「世間の噂」の内容などに関心が集中してしまうでしょう。もちろん、「自己」の状態を改めるのではありますが、その目的はあくまでも「世間」に向けての自己修正なのです。これが「世間体」を取り繕うということでしょう。要するに、「世間」では、人々は「世間」に受け容れられれば自己満足し、否定されれば自己修正して「世間」に逆らわない解決策を求める傾向が強く、その方向に生活全般を整えようとするのです。それが「世間並み」であり、「世間知」を持っているということであり、その人は群れの中で平穏に暮らせるでしょう。しかし、これでは個人も社会も停滞し、進化が望めないという反省も生まれてくるのです。

「私」の「世間」

もっと主体的に「私」が「世間」に対応していくための一つの方向は、それぞれの個人内の「私」が「自己」を受容してくれる「世間」を見出すことではないでしょうか。全く「世間」から離れた孤高の生活が可能ならば話は別ですが、いわゆる社会生活の枠内で生きていくためには「自己」を受容してくれる「世間」の存在は欠かせないのではないでしょうか。老人には老人のための、若者には若者のための「世間」が必要なのです。幸いに「世間」には実体がなくて、各個人がよりどころとして描くところに成立してくれます。先人による書籍の中や、社会や集団における規範の中に示されている多様な考え方や価値観の中に、「世間」、言葉を換えれば、準拠集団を見出す努力をすることです。一方、反社会的、犯罪的集団の中に「世間」を求める危険が、成人の「世間」による枠組みに疑問を抱き、反旗を翻す青年たちの生活の中に横たわっています。一見、そこでは彼らの「私」たちを快く受け容れ、存在価値を認めてくれるように思えるからでしょう。また、成人たちが押しつけてくる「世間」の常識に反発しながらも、反社会的・非社会規範的世間にも同調しがたい若者が行きつくところは、孤独・孤立の状態です。「私」を受け容れるところを切実に求めてはいても、そのような「世間」に出会えない、見出せないがために陥る孤独は、いわゆる引きこもりにつながるでしょう。基本的には社会性を持つと思われる個人が、社会の中に「自己」を収める場所（「世間」）を見出せないのですから、受け容れ側にも不都合があるのでしょうが、「私」自身人が実現困難なものを求めているのかもしれないと自戒することも必要なのではないでしょうか。そして、無責任なインターネット上での「世間」に埋没したり、集団自殺の仲間を見出したりすることのないようにしたいものです。つまり、一人でも多くの人々の「私」がその中に準拠集団を見出せるような、合理性、正当性を持った「世間」を描けることが、「私」と「世間」との正常な交流を成立させるための出発点なのではないでしょうか。

「私」と「世間」との交流図について

第Ⅰ部では、個人内の「私」と社会生活場面での「世間」との心理・社会的交流関係は、実体を伴

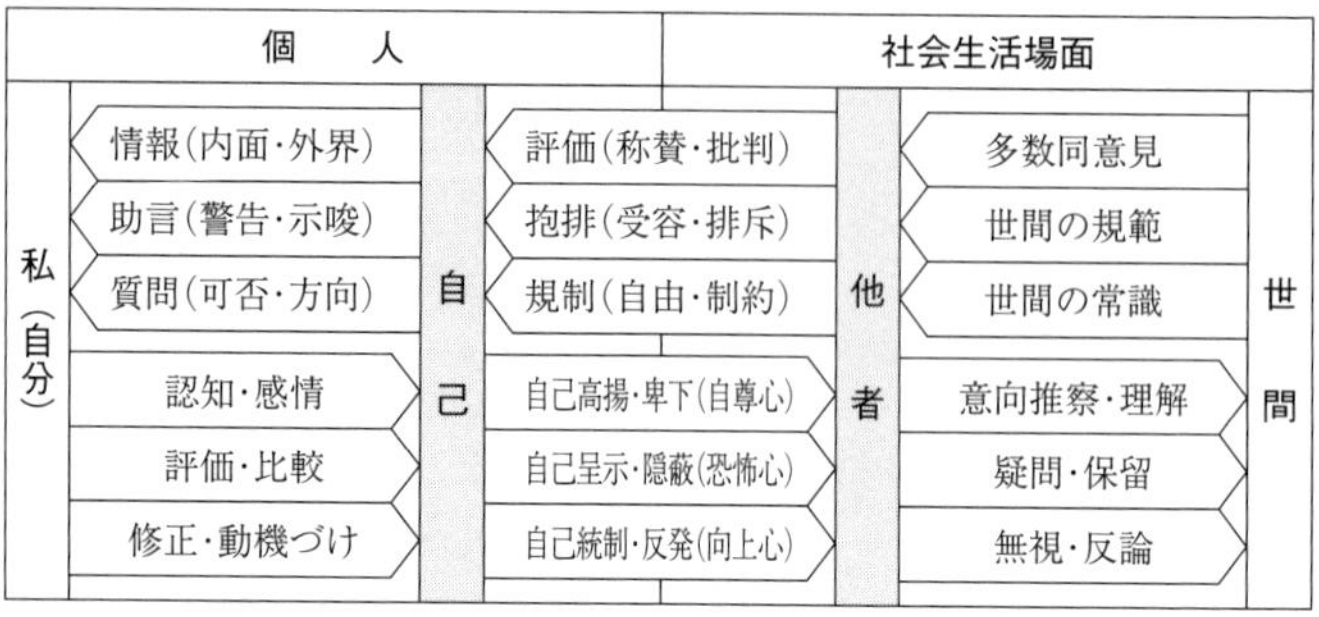

図6-1　「私」と「世間」との相互交流図（筆者作成）
□は実体を伴う仲介者。

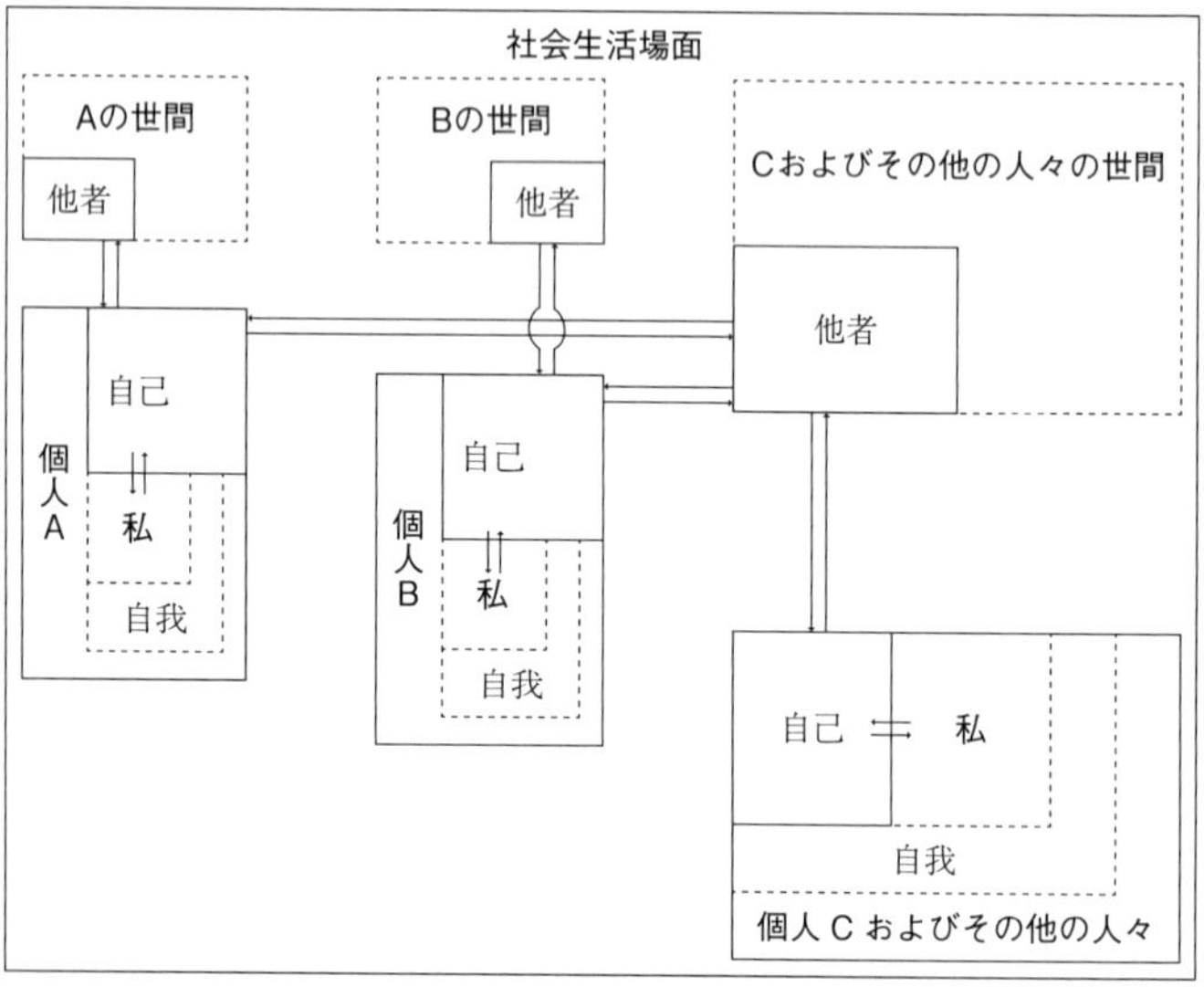

図6-2　「私」と「世間」との交流形態図（筆者作成）
実線で囲んだ部分は実体を伴う領域で、破線部分は実体不明瞭な領域。

う存在である「自己」と「他者」との具体的な仲介によって成立していると考え、その基本形態を図3－1で示しました（第3章の末尾）。そこで、さらにこの第Ⅱ部では、「他者」を介しての「世間」からの働きかけの三側面、すなわち、評価、抱排、規制についてと、個人の側における「自己」を通しての「私」の心理・社会的反応、すなわち、自尊感情、自己呈示、自己統制などについて述べましたので、それらの心理・社会的機能も含めての「私」と「世間」との交流のありさまを図6－1で示し、また、人々一般の形態を素朴に表現しただけの図3－1を、各個人がそれぞれの「世間」を描き得ることも考慮した形態図へと修正した図6－2も付加しておきます。

第Ⅲ部　「私」と「世間」との心理的かかわり合い

いままで述べてきたように、本書の第Ⅰ部では、個人内における主体的働きを担う「私」と、個人の社会的生活場面内で規範的役割を担っている「世間」との、心理・社会的関係を考察する際に登場する主要な概念の紹介と、それぞれの関係の枠内での役割などについて概説しました。特に、実体を伴う存在としての「私」の代理人的「自己」と、「世間」の代弁者的「他者」の役割を重視しました。そして、第Ⅱ部では、「世間」からの働きかけというか、「世間」が「私」におよぼす心理的影響の視点と、その働きかけへの「私」の側からの対応の仕方の視点との両面から、分析を試みました。「世間」から「私」への働きかけとしては、「自己」を通して、しかも「他者」を介しての、評価・抱排・規制の三つを取り上げました。そして、そのような働きかけへの「私」の側の心理的対応の仕方として、評価に対しては自己評価、特に自尊感情の面で、また、抱排に対しては自己表出、特に自己呈示の面で、さらに、規制に対しては自己コントロール、特に自己制御の面での対応などを取り上げてみました。そこで、これからの第Ⅲ部では、全体のまとめの意味合いも込めて、「私」と「世間」との心理的関係（かかわり合い）が成立する次元を、心理的距離、心理的相互作用、心理的役割関係などの諸相から眺めたいと思います。

第7章　遠い関係と近い関係——心理的距離

なお、いままで、「心理的関係（psychological relationship）」とか「関係性（relationship）」について日常語のように用いてきました。しかし、人間社会に限っても、人々の間に存在する「関係」は多様な意味合いを持つでしょう。E・バーシャイドとA・ペプロウ[73]は、社会心理学的視点からの関係性についての巨視的な考え方を、「進化（evolution）」論的方向づけ、「愛着（attachment）」論的方向づけ、「相互依存（interdependence）」論的方向づけの、三方向から見ています。そして、進化論的には、人間の原初的な関係の成立（たとえば、性的関係とか子どもの養育）などを扱いやすいし、愛着論的には、人間は愛着と愛護の基本的傾向を有していることを前提に、愛情・性・自信・共感性・精神衛生まで扱い得るし、相互依存論的には、個人よりは人々の間の関係性そのものに焦点を当てており、とくになぜ人々は相互に相手を信じたり疑ったりするのか、葛藤を味わいそれを解決できるのか、目標達成のために協力するのかなどに目を向けやすいであろうと述べています。これら三種の関係性の中では、人々の間における心理的関係に着目するには、相互依存論的側面から接近するのが自然でしょう。そして、相互依存論的関係では、お互いの親しさや仲間意識のような「心理的距離」の遠近、人々の間の相互の影響のおよび方、相互関係内における相互の役割の果たし方などが浮かび上がってきます。

ここではいわゆる「心理的距離」関係を、直接的か間接的か、受容的か排除的か、熟知的か無知的かの三側面から取り上げます。直接に交流できるほうが、間に介在者がいる場合よりは心理的距離も近いでしょう。同様に、相互が相手を仲間として受容しているほうが、相互に排斥し合っているよりは心理的距離は近いでしょう。そして、相互に相手の立場を認め合いよく理解している場合のほうが、よくわからないとか無視しがちな関係よりは心理的距離は近いのではないでしょうか。

1 対人関係と対世間関係——直接性—間接性

いままでたびたび指摘してきたように、本書では、個人の「私」が「世間」からの働きかけに接するのは、「世間」からの情報、感情、欲求などが、「自己」に対して「他者」を介してもたらされるためであろうことを前提に論を進めてきました。この前提に立ちますと、「私」と「世間」との心理的距離における直接(身近な間柄)—間接(遠い間柄)という次元では、両者の交流を実体的にも実態的にも進める役割を担っている「自己」と「他者」との対人関係の心理的距離における側面と、この両者の働きを仲介として成立している「私」と「世間」との心理的関係における直接—間接の側面との、両面から考えなければなりません。

対人関係における直接―間接の側面

たとえば、息子が電車の中で床にべったり座っているのを見て、父親が「みっともないな」と嘆いた場合と、周囲に立っていたサラリーマンたちが聞こえよがしに「きたならしいな」と言った場合の、対人関係における直接か間接かは極めて単純な話です。床に座っている息子にとって、見知らぬ数人の人たちよりも父親に言われるほうが、明らかに直接的に受け取れるでしょう。ところが、このような状態に加えて、息子における対世間関係を絡ませると、意外に複雑な様相を呈します。なぜならば、対世間関係における息子の「私」から見れば、父親も数人のサラリーマンたちも「世間」の代弁者であり、「他者」の役割を果たしているからです。息子にとって、父親のように極めて身近な「他者」であっても、その「他者」自身がどの程度直接的に「世間」を代弁しているかによって、息子の「私」と「世間」との関係の直接度が異なってくるからです。

対世間関係における直接―間接の側面

息子の「私」に対する「世間」からの働きかけが直接か間接かの程度の違いは、「他者」と「世間」との関係の密接度を絡ませた四種のケースが考えられます。父親もサラリーマンたちも「世間」と近いケース、父親は「世間」から遠いがサラリーマンたちは近いケース、父親は「世間」に近いがサラリーマンたちは遠いケース、父親もサラリーマンたちも「世間」から遠いケースがあり得るでしょう。しかし、これらのうち両者とも「世間」から近いケース、両者とも「世間」から遠いケースは、それぞれの効果が相乗されるだけですから、ここでは、息子にとって対人関係の面では近い父親と遠いタニンのサラリーマンたちとが、対世間関係の面では直接か間接かが食い違うケースについてだけ例示してみましょう。

ケース1 まず、息子にとって対人関係では極めて身近な「他者」である父親が、「世間」とはやや間接的な立場から息子に接した場合と、遠い間柄の「他者」であるタニンのサラリーマンたちが、「世間」の直接的な代弁者として息子に接した場合との比較のケースを取り上げましょう。息子が電車の中でくたびれてべったり床に座り込んだという場面から出発しましょう。これを見た父親が、「世間」の間接的代弁者としての立場から、「お前、そんなところに座り込んでいると、世間からみっともないと言われるぞ。電車の床に座り込むのは世間では非常識と思われているに違いないから」と注意しました。ところが、その直後に、近くに立っていた数人のサラリーマンたちが、聞こえよがしに「まだ、あんなのがいるんだな。よく平気であんなところに座り込んでいられるよな。こっちが恥ずかしくなるよな」と「世間」を代弁して言いました。息子の「私」にとっては、身近な父親から「世間では非常識と思われているに違いない」と言われるよりも、タニンのサラリーマンたちから「こっちが恥ずかしくなる」と言われたほうが、はるかに「世間」からの批判を強く直接的な働きかけと受け取るでしょう。近しい「他者」からの働きかけよりも、遠いタニンからの働きかけのほうが、息子の「私」にとってずっと直接的で、「世間」を身近に感じ取るのです。なぜなら、父親は「世間」の代弁者ではあっても「世間」を外から眺めているのに、サラリーマンたちは自らを「世間」と同化させて、まさに「世間」そのものの気分で息子を批判しているからです。

ケース2　次には、息子にとって身近な存在である父親が、「世間」の一員であるかのように直接的に「世間」の意向を伝えてきた場合と、遠い間柄であるサラリーマンたちが「世間」とは間接的な立場から接してきた場合との比較のケースを考えてみましょう。息子が某有名大学を受験したのですが、結果は不合格でした。そのとき父親は、「不合格は残念だったが、でも、あの大学ならダメでも仕方がないと世間も納得するし、俺の世間体も悪くないしな」とつぶやきました。その数日後、息子が電車に乗っていたら、近くに立っていた数人のサラリーマンたちが「そう言えば、某大学の入試の発表があったみたいだな。俺のところの課長のお嬢さんが受けていたみたいだが、この二、三日、課長がむやみに機嫌がよかったのはきっと合格したんだな。でも、あそこ世間で言うほどそんなに難しいのかな」と話しているのが耳に入りました。息子の「自己」や「私」が体験した某大学不合格についての「世間」の反応の二つの場面では、身近な存在である父親が、「世間」と一体になって自らの「世間体」の問題として受け取っているのを知って、息子は「世間」を身近に直接的関係としてとらえたでしょうが、電車内で遠い間柄のサラリーマンたちから送られてくる「世間」については、遠い間接的関係と受け取ったことでしょう。

このような二つのケースから言えることは、「私」と「世間」との交流関係における両者の心理的距離は、「世間」の代弁者である「他者」が身近な存在（たとえば父親）であっても、その「他者」が代弁している「世間」の存在やそこからの働きかけは、「自己」が代理人を務めている「私」にとってはは身近で直接的であるとは限らないし、逆に、「他者」が遠い間柄の存在（たとえばサラリーマンたち）であっても、「私」（たとえば息子の）にとっては「世間」との関係は遠くて間接的であるとは限らないということです。したがって、ケース2では、対人関係で身近な「他者」が「世間」に近く、遠い間柄の「他者」は「世間」から遠いので、「私」は「世間」との関係を素直に矛盾なく受け容れることができるでしょうが、ケース1では、対人関係においては身近な「他者」が「世間」からは遠く、逆に遠い間柄の「他者」が「世間」と近いので、「私」は「世間」との関係で矛盾を感じ、葛藤を体験するのではないでしょうか。

直接性と間接性とは程度の差か？

「私」と「世間」との交流における直接性と間接性の問題は、このような例話でも察せられるように、両者が別次元の話なのではなくて同次元上の程度の違いなのだと思います。そもそもの本書での前提が、「私」と「世間」との交流自体が「自己」と「他者」を介して成立しているので完全に直接に成立することはないという立場なのですから、直接性―間接性という項目の立て方はまずいのかもしれません。近接性―遠隔性とでも表現したほうが適切であったかもしれませんが、代弁者である「他者」が自らを「世間」と「同一視する（identify）」程度によっては、「私」が直接「世間」と接触しているような状態もあり得るかと思って、直接性―間接性として出発したのです。いずれにせよ、日常的に生起している「私」と「世間」との接触・交流は、「私」の代理人ではあるが実体を伴った存在である「自己」と、「世間」の意向の代弁者ではあるが実体を伴った存在である「他者」との間に具体的に生起するのが一般なのであって、「私」と「世間」との交流は間接的でも、「自己」と「他者」とがまさに直接に接触している場合が少なくないでしょう。「他者」がマス・メディアの場合とか、身近な「他者」でも明らかに又聞きのような形で「世間」の意向を伝える場合は間接性が強いのですが、息子と父親とが向き合って「世間」を論じている場合は直接性を感じるのではないでしょうか。

ですから、「世間」の意向を「私」が「自己」を介して受け取る場合に、「世間」の代弁者である様々な「他者」がどのような表現をするかで、「世間」との間に感じる心理的距離が異なることもあるのです。前述の例で言えば、父親が「世間の常識から外れている」と言うケースと、「俺の世間体が保たれる」と言うケースとでは、息子の「自己」が感じ取る「世間」との心理的距離は前者より後者でぐんと身近なものになるでしょう。同様に、電車の中で二人連れが直接「世間」と言わないでも「まだあんなことをするのがいるんだね」と言うケースのほうが、「世間で言うほど難しいのかな」と言うケースよりも、「世間」の存在や機能が身近に感じ取れるようです。

間接性の問題点

また、「私」と「世間」との心理・社会的交流が、具体的には「自己」と「他者」との間で生起しているにしても、それによって「世間」の意向と「私」の意向との交流が実現してこそ、初めて個人の社会的生活場面における言動や思考への「世間」の影響が問われるのです。この場合、まず問題となるのは、「自己」や「他者」がそれぞれ、いかほど、また、どのように、「私」や「世間」の意向を正確に、かつ十分に理解して、表出しているかです。もちろん、「自己」と「他者」とは、相互に相手の立場や言い分の趣旨を正しく理解して、「私」と「世間」とに伝えねばなりませんが、その前に、「自己」がどの程度、またどのように「私」の意向を体現しているのか、「他者」がいかほど正確に「世間」の意向を理解し、表明しているかが問題なのです。ただし、「自己」の場合は、「私」にとっては常に理想の状態とはほど遠く、一部分しか体現していないとか、全く誤解して動いているとか、様々な点で不満があり得るのですが、それについては、「私」は常に「自己」に「自己反省」「自己改善」を求めているでしょうから、弊害の発生をある程度は未然に予防できます。ところが、「他者」と「世間」との関係は、「世間」が積極的に特定の「他者」を代弁者に任命しているのではなくて、それぞれの「他者」が自発的に「世間」の意向であると自らが理解したことを相手の「自己」に伝えているのですから、「世間」は代弁者である「他者」をコントロールできません。ですから、ときには極端な形で、また、別のときは趣旨を全く履き違えた形で、それが「世間」の意向だとして、「他者」から個人の「自己」を経て「私」へと伝えられ、悲劇を生むことにもなるのでしょう。

2　受け容れか、仲間外れか——受容性—排除性

ここでは、「世間」から「私」への働きかけが受容的か排除的かの視点から両者の心理的距離を見ていきます。その際、「世間」の常識から言えば、受容関係のほうが排除関係よりは心理的距離は近いであろうという前提で進めますが、当然この前提に異議を唱えることも可能でしょう。たとえば、「私」と「世間」との間が特別葛藤するような話題もなく平穏な関係であるよりも、両者が激しく葛藤し相互に批判・叱責・冷笑・罵倒などを浴びせ合うような関係のほうが、はるかに心理的交流が密であるという意味では、心理的距離は近いと考えることも可能だからです。しかし、「私」と「世間」との心理的距離が両者の間の受容—排除関係のあり方次第で接近したり疎遠になったりしていることには変わりはないのですが、やはり、受容的関係のほうが排除的関係よりは親近感や親愛感などが生じやすいという意味において、心理的距離は近いと受け取るのが自然だと思われます。

心理的距離感は主観的

ところで、「世間」による「私」に対する受容的態度の表明は、「世間」の側の意図のいかんにかかわらず、「私」の側が「世間」によって受け容れられていると感知することで、近い心理的距離感、親近感として成立するのでしょう。たとえば、先に引用した今野[51]による『隠蔽捜査』の一節の、「世

間の常識をわきまえたつもりになっている」という状態がこの好例でしょう（第6章第1節）。当面の個人の「私」が、代理人である「自己」の状態は、「世間」の常識をわきまえて、「世間」から好意的に受容されている、というつもりになっている状態の記述です。また、逆に、「世間」からの個人に対する排除的態度を「私」の側が感じ取っている例としては、『万葉集』における多数の歌が「世間（よのなか）」についての無常観を歌っていることが挙げられるでしょう。「世間」は空しくて、つれなくて、自己を温かく受け容れてくれないものと受け取られているのです。たとえば、

世間の苦しきものにありけらく恋に堪へずて死ぬべく思へば　坂上大嬢

と歌われるのです。なお、『万葉集』については、先述の阿部[1]（三四頁）を参考にしています。

「いじめ」

このような「私」と「世間」との心理的距離については、すでに第4章では「世間」から個人への働きかけの面から述べましたし、第5章ではその「世間」からの働きかけに対しての個人の側の対応について触れましたので、重複は避けますが、個人に対する「世間」からの影響において、従来から社会問題の一環として、特定個人排斥の問題が常に取り上げられてきました。中でも「いじめ」の話題が注目されています。いじめは、以前から組織体の中ではしばしば問題となっていたことで、いまに始まったわけではありません。一〇〇年前ごろの軍隊の中では、いじめは訓育の名を借りて日常茶飯事のように行われていましたし、現代でも企業体の中で多く発生しているようです。無論、往年の

ような暴力の形はなくなりましたが、一層陰湿な心理的迫害が多くなったようです。同僚からの無言の排斥も厳しいでしょうが、上司から部下への権力を背景としたいじめも被害者にとっては深刻な苦しみでしょう。しかしながら、企業内のいじめは多く内部問題として扱われて、実態は把握されにくいのですが、学校におけるいじめは根拠のない、しかも肉体的損傷を含むものであるだけに特に注目されています。

学校における「いじめ」が極めて陰湿化し、長期化してきたことに注目した鈴木康平(76)は、多くの識者による指摘を踏まえて、一九八〇年以降のいじめの変質に注目しています。そして、「その一つは、……社会的事象に『境界がなくなってきた』ことがあげられる。……『男性と女性』『公と私』などを代表格として、さまざまなところにボーダーレス現象が指摘される。いじめも『じゃれあいの一種としてのいじめ』—『いじめごっこ』—『いわゆる昔からのいじめ』—『執拗ないじめ』—『犯罪行為としてのいじめ』……相互の境界が極めて希薄になっているのが特徴であると指摘したい。もう一つは、いじめという行為の概念そのものの変容である。……学校におけるいじめはいじめとして一括して述べられることが稀で、むしろ『悪口をいう』とか『殴る』とかいった具体的な事項として取り上げられていたのであり、……恐喝や暴力は『いじめる』こととは切り離されて、それぞれの事項でまとめられていた」(一二三〜一四頁)と述べ、犯罪的行為までいじめ扱いされることの危険を憂いています。

本書の観点から見れば、学校でのいじめは、かつては個人間の葛藤であり、あくまでも私的出来事として扱われており、その程度も子どもらしいものであったのに、いまや、子どもたちによる「世間」が形成され、その「世間の常識」の範囲と認識して、いじめっ子は衆を頼み、少数のいじめられっ子に罪悪感もなしに、快楽の手段として言語的にも肉体的にも無際限の暴力を振るうようになっているのではないでしょうか。鈴木が指摘するように、子どもの「世間」と大人の「世間」との境界が薄れてきたのではないでしょうか。

いくつかの「世間」同士の葛藤

たしかに、ボーダーレス現象が目につくこのごろなのですが、現在の学校の様態には、これと逆行して、それぞれの立場を他の立場への配慮なく主張し合うような傾向もあるように思われます。教育委員会の「世間」、現場教師の「世間」、親たちの「世間」、子どもたちの「世間」がバラバラに描かれている、言葉を換えればそれぞれが異なった規範の準拠集団の存在を描いているように思われるのです。

このようにそれぞれの立場が、自らの立場を受容してくれている世間像を描いて、相互に他の「世間」の立場を排斥しているのではないかと考えると、「私」と「世間」との関係は、「世間」の代弁者である「他者」によって「世間」における意向が「私」の側に伝えられるという場合、その「世間」とは、一体誰が描く「世間」なのか、「私」の描く「世間」なのか、「他者」が描いている「世間」なのかが混乱してきますから、これを明別する努力が必要なのではないでしょうか。

心理的関係の崩壊

前述のようないじめの場合でも明らかなように、いじめる側といじめられる側との心理的距離は、相互が相手の立場を理解し、受容的である場合よりも遠いと言えるでしょう。この場合、相互がいわゆる無縁の関係にはなくて、多少とも心理的関係を持つことを前提としているのです。そして、いじめも含めて、一方が他方を心理・社会的に、単に受容しないというだけではなくて、積極的に排除し、排斥しているという点から見て、心理的距離は遠いというか大きいと言えるのではないでしょうか。最近のように、学級内の友達同士の間でのいじめとか、親がわが子を虐待したり殺害したり、逆に、子どもが親や祖父母を虐殺したりということが頻発すると、従来の親と子の関係や同じクラスの仲間関係など、最も相互に受容的で、心理的距離の近い関係の代表のように思われていたものが、いまや崩壊の憂き目にあることがわかります。改めて心理・社会的排斥関係の問題が、「世間」の動向の一環として見直されなければなりません。

以前から、なぜ「世間」が人々の社会生活において話題になり、心理・社会的に影響が重視されてきたかと言えば、多分最も強い原因は、「世間」がしばしば心理・社会的排斥という形で強い影響力を発揮してきたからなのではないでしょうか。先にも引用した『広辞苑』が取り上げている「世間」関連語の中にも、「世間口」「世間知らず」「世間雀」「世間体」「世間並み」「世間張る」「世間が狭い」「世間が立つ」などがあり、そのほかにも「世間の目」や「世間の噂」など、いずれも「世間」からの要求や指示に反した場合に「世間」から非難・排斥を受けることを恐れ、それを予防するための言葉と言えるでしょう。それらと同時に、人々は世間との受容的関係を積極的に求めて、「世間知」を持ち、「世間師」や「世間者」となるのです。

受容—排除関係と「他者」の存在

時代は移り変わり、価値観は表面的には変貌してきたのではありますが、日本における人々の社会生活場面では、相変わらず、個人の価値観の背後に「世間」からの評価・抱排・規制などという働きかけへの対応方法の問題が横たわっているのです。村八分も現代の学校でのいじめも、個人と「世間」との心理的距離が、一方による他方への「排斥」という形で極めて大きくなった状態と言えるのではないでしょうか。そして、個人の側のこれへの対処法としてしばしば採用されてきたのが、「世間体」であり、「世間が立つ」状態を求めたのでしょう。心理学的研究では、すでに述べたように自己呈示的言動が取られたりすることが指摘されているのです（第5章第2節、表5－1）。しかしながら、これらの対処法は、当面の個人が（「世間」を所属集団と認識している場合もあれば、それさえも否定しているかもしれないのですが）少なくとも当面の「世間」を自らの準拠集団としては受け容れていない場合の問題です。そして、実際には、個人の「私」対「世間」における心理的距離、特に受容と排斥の関係で決定的影響力を発揮しているのは、いわゆる「世間」の意向を個人の側の「自己」に伝達する役目を担っている「他者」の存在なのです。

前掲の「私」—「自己」—「他者」—「世間」における相互交流図（図6－1）で示したように、

ているのは「自己」と「他者」です。

家族、友人、隣人、職場の人々、周辺にいる他人、マス・メディアなど、本書では「他者」と呼ばれる存在が、自らが理解したり、聞きかじったり、推測したりした「世間」の意向を「自己」に伝える形で、「私」への「世間」の影響は具体化するのです。ですから、「他者」がどのように「世間」の意向を表現するか、そして、それを「自己」がどのように受け取るか、さらに、「実体」として存在する「自己」と「他者」との日常的対人関係のあり方などによって、「私」と「世間」との心理的距離関係、特に、受容と排除との関係が規定されているのではないでしょうか。

3　よく知っているか、何も知らないか——熟知性—無知性

「世間」関連の用語には、「世間知」とか「世間知らず」などがしばしば登場してくるように思われます。本書の「はじめに」の冒頭でも「世間知らず」が使われています。政治の世界でも、与党がB国ともC国とも対等な友好的関係を構築していきたいと主張し、野党からしたり顔に、そのような青臭い理想論を公言するとは国際関係のありようへの無知をさらけ出していると批判されるとすると、その場合の野党の主張の影には国際世間が描かれているのでしょう。国際関係における国際世間の声はそんな甘い構想を冷笑しているのだと、野党は自らが信奉する国際世間の代弁者となって、与党を

「世間知らず」と批判しているのです。

知っているとは「近い」ことか？

個人と「世間」との心理的距離という観点から、個人が「世間」を熟知していると自他ともに認めている場合のほうが、「世間」がなんと言おうと関係ないとか「世間」の動向に無頓着であったりするよりは、その個人と「他者」によって描かれている「世間」との距離は近いと見られるでしょう。もし、個人の「私」が「他者」とは異なる「世間」の存在を描いていたとしても、その「私」が「他者」により伝達された「世間」について熟知していれば、それについて無関心であったり無知であったりするよりは、その「世間」との心理的距離は近いと言えるでしょう。たとえ、熟知した結果、極端にその「他者」による「世間」を排斥するようになったとしても、無知や無関心よりは心理的距離は近いのではないでしょうか。

このような知識の有無と心理的距離との関係を考えてみると、たしかに、無知よりは熟知のほうが近い関係と言えるように思うのですが、しかし、たとえば、受容—排斥の次元で心理的距離が極めて近い場合でも、「私」が「世間」の様態や内容について熟知しているかというと、そうでもない場合も多いようです。父親が息子に「お前のその髪の毛の色はどうにかならないかと思っていたけど、世間の若者の髪の毛も似たような色のが多いんだな」と言ったら、息子がびっくりして、「ほんとか、俺ほかのやつの髪の毛の色なんか気にして見たことないからわからないけど」と応えるような場合です。父親がとらえた「世間」では息子の髪の毛の色については極めて受容的なのですが、息子にとっては、父親が描いているような「世間」など全く眼中にないのです。

知っている「世間」と知らない「世間」

「私」と「世間」との心理的距離を考える場合、まず、この場合の「世間」とはどの「世間」かをはっきりしておかねばなりません。「世の中一般」では、多分、大勢の人々が一致して描いている「世間」こそがいわゆる「世間」なのでしょう。「私」にとって、漠然とながら大多数の人々に支持されていると思えるものがまさに「世間」であって、「他者」が「世間では」と言えば、その大多数が認めている内容なのだと認識しているのだと思います。だからこそ、「世間知らず」だと「他者」から批判されると、心理・社会的に強いプレッシャーを感じてしまうのでしょう。「他者」の言う「世間」を多分構成しているであろう、大勢の人々がみな知っている、守っていることを自分だけが知らない、守っていないなどとその「無知性」を指摘され、「他者」の言う「世間」との心理的距離の遠いことを実感させられるのです。

他方、「私」が自らの準拠集団としてとらえている（実体はとらえられないのですが）集団ないしは多数の人々によって生じさせられた心理・社会的現象を「私」にとっての「世間」的現象と見れば、「私」は「他者」の言う「世間」には無知で、遠い存在かもしれないのですが、「私」にとっての「世間」と「私」との心理的距離は、当然「私」は「熟知」しているでしょうから近いのであって、一概に「私」と「世間」との心理的距離を云々できないのです。なお、ここでもう一つ気をつけねばならないことは、「私」にとっての準拠集団の機能を持つ人々の集まりについて、「私」のほうは「世間」を熟知している気になっていても、その対象となっている「世間」の側は「私」の存在さえも知らない、あるいは気づいていないかもしれないのです。この場合の「私」と準拠集団との心理的距離は、一方的な「熟知性」に過ぎないからです。

準拠集団は集団とは限らない

本書では、いままで、繰り返し「世間」に実体はないと述べてきました。いわゆる社会は、様々な法律、規則、企業体など、具体的な実体を持ったものの集合体として把握できるでしょうし、集団はその成員たちも活動の内容なども具体的にとらえ得るのですが、「世間」にはそのような実体的に把握されるものがないのです。要するに、「世間」はその働きが現象として把握されるだけなのです。ですから、個人にとって「世間」は準拠集団としての働きをしていると言うと、集団としての具体的イメージを描いてしまいやすいのですが、実際は個人が、自らが受容しているが実体的な形のない「世間」を自らの判断のよりどころとしている状態を指すのです。ですから、準拠集団として「私」に受容された「世間」は、当然「私」との心理的距離は近いし、熟知された現象なのですが、集団としての実体をとらえることができるとは限りません。他方、「他者」により「自己」に伝えられた「世間」は、場合によっては実在の具体的な集団を背景に描いていることもありますが、「私」にとってその集団が準拠機能を持つとは限りません。ですから、ときにはその「世間」から排斥されたり強制されたりもするし、そのような「世間」については無関心であったり無知であったりもするのではないでしょうか。

なお、第1章第1節において、「準拠集団」について、所属集団との比較の形でその概念としての特徴を述べておいたのですが、その後のこの概念の用法を見ると、たしかに、意見、知識などの妥当性判断のよりどころとしての機能に関する概念ではあるのですが、集団とは限らない、いわば、実体のない現象にも当てはめられて用いられているのです。もちろん、この「準拠集団」の用法は、所属集団ではない集団を判断のよりどころとすることがあることから生まれたのではありますが、これを「世間」に対応するものとして用いると、集団というタームが実情に合わない場合も生じてくるのです。ですから、「準拠集団（reference group）」という概念よりも「準拠枠（frame of reference）」という概念を用いたほうが混乱が少なかったようにも思っています。これは判断の枠組みを提供する現象を指す概念で、実体を伴う現象のこともあれば、実態的現象に過ぎないこともあるのです。

第8章　かかわり合いの三つの形――心理的相互作用

一般に、人々の間の「心理的相互作用（psychological interaction）」は、表面的には相互の「社会的相互作用（social interaction）」の形を取って現れてきます。AとBとの社会的な接触場面、たとえば、隣人同士の立ち話とか、会社での上司からの部下への指示とそれへの部下の応答などの形で、相互作用が生じているのです。それと同時に、そのような相互の交流によって、お互いに新しい情報を伝えたり教えられたりする、換言すれば「情報の交換（informational exchange）」をすることで、相手との認知的交流をするでしょう。また、その交換した情報についての喜怒哀楽や相手への対人的好悪などについても、言動のみならず表情などで頻繁に相互に「感情の交流（emotional interchange）」がなされるでしょう。さらに、このように相互の認知・感情の交流をすることで、お互いに相手の思考や言動の内容や表現の仕方などにまで影響を与え合うことも多いでしょう。指示や説得（勢力関係）、援助や攻撃（愛憎関係）、競争や協同（社会関係）など、いずれも、相反する影響の形態が交錯する形で心理的相互作用を生みやすいのです。要するに、「影響の交錯（influential mingle）」という形で、行動動機面での相互作用も考えておかねばなりません。

1　お互いに知ったり、知らせたり――情報の交換

たとえば、酒席で、四方山の雑談の中で、ある個人の「私」が代理人である「自己」を介して、「他者」である親しい友人に、「カメをもう三〇年も飼っているんだけど、すっかり懐いてとても可愛いよ」と言いますと、その友人が「世間」の代理人の立場から、「そういえばこの間新聞に、世間ではカメの飼育が流行っているって書いてあったな」と答えます。そうすると、「私」は「世間でのカメの飼い方は、ただ水槽の中に入れて、上から餌を撒いてやるだけのことが多くて、あれでは、カメが可哀想だよ。カメは室内でも放し飼いにしてやると、すばらしい潜在能力を発揮して、いろいろな意思を表情や動作で伝えてくるし、人に馴れて甘えるようになるんだよ。後をついてきて、見上げて、おねだりをしたりするんだぜ」と自慢たらたら。これを聞いた友人は、あきれて、「どうだい？　いっそその自慢話を本にでもしたら」とからかったら、なんと「私は」、「いや、もうすでに本にしたんだよ。(75) 今度進呈するから読んでくれよ」……というような他愛無い情報交換は、数限りなく「世間」で行われているでしょう。しかし、このような情報交換は「世間」での平和な生活を支えているし、孤独感とか不安感などへの防波堤としての役割を果たしているのではないでしょうか。

ところで、二〇一〇年、泥酔して暴行事件を起こした横綱、朝青龍が相撲協会宛に引退届を提出した際には、そのことがあらゆるマス・メディア（「世間」の代弁者）を介して大量の情報となって流

されました。また、町の声という形で、老若男女によるこの引退騒動についての感想が伝えられてきました。賛成、反対、同情、批判、様々で、この問題に対する「世の中一般」という意味での「世間の声」は多様で、一定の流れは作っていないようでしたが、相撲協会や横綱審議会など、いわゆる相撲界における「世間の目」が、どうやら本人やその周辺の人たちの考えていた「世間の声」よりもはるかに厳しいらしいという情報をもとに、本人による引退届の提出となったのでしょう。このように、人生の方向さえも規定してしまうほど影響の大きい情報の交換もあるのです。

2　お互いに喜んだり、悲しんだり——感情の交流

「私」は失敗して恥ずかしいとか、大勢が集まっていて驚いたとか、こんなこともわからないのかと叱られて悲しかったなどと、体験した感情を「自己」を通じて「他者」に表明することもあるでしょう。「他者」も「そんな失敗をするようでは世間でのもの笑いのタネにされるぜ」とか、「知らないことを知ったかぶりで世間体を取り繕うよりも、はっきりそんなことは知りませんでしたと言ったほうが、きっと世間が正直で立派だと褒めてくれるよ」などと、「世間」の意向を代弁してくれます。「私」と「世間」との間には密接な感情の交流があるのです。

「私」が抱く「世間」への感情は、「自己」の言動という形で表明した「私」の賛成意見とか怒りの感情などに対して、「世間」が驚いたり、怒ったりしているらしいことを、直接的に代弁者である

「他者」を通じて知らされたり、間接的に「世間」の反応はこんなであろうと予測したりすることで、一層はっきりした形を取るでしょう。前にも書いた例ですが、若い女性ばかりが五、六人乗っていたエレベーターがちょうど止まったところだったので、急ぎの用を抱えていた一人の若い男性が中を確かめもせずに駆け込んでしまいました。一斉に女性からの注目に曝された男性は、心ならずも真っ赤になり、身をすくめて、床を見つめるばかりでした。こんなときに限って、途中の階で止まらないし、なぜかいつもよりスピードが遅くて、なかなか目的階につかないように思えるのでした。わが身のこのような醜態、オドオドして真っ赤になった姿のことが、この女性たちの口から、男性の仲間たちに伝わるのにはいくばくの時間も必要とはしないでしょう。明日にも行き交う仲間たちから、「昨日はお楽しみだったそうだね」とか、黙ってニヤニヤされるであろう場面を思い描くだけでもいたたまれない羞恥心に苛まれることでしょう。当面の状況の中には、ただ、五、六人の若い女性がいるだけだし、彼女たちも特別に何かを言ったわけでもないのですが、チラチラと横目で見られるだけでも、彼はその背景に若い男女の同僚たちを代弁者とする「世間」の存在を感じ取っているのではないでしょうか。彼の真っ赤になって床だけを見つめている姿の評判が、一夜のうちに同僚たちの言動に表出される彼らの「世間」に広まることを彼が予想する形で、彼の「私」と「世間」との感情の交流が生じているのです。

この例話の場合、若い男性の「私」が、このような場面をその場限りの出来事として受け取り、同乗していた女性たちに「お邪魔してゴメンね」と一言挨拶をしてから降りれば、彼の感情はさほど尾を引かずにすむのでしょうが、周章狼狽した「自己」への「世間」の反応を思い描くと、羞恥心やら恥辱感やらが簡単には消えないで、おまけに意地の悪い仲間が、わざわざそばに来て、肩をたたいて、無言でニヤニヤして立ち去ったりすると、彼の「世間」への感情は長期的に、かつ深刻になるかもしれません。この場合、親友が、「大した事じゃないじゃないか。気にせずにほっとけ」と慰め、励ましてくれれば、彼の「世間」への気持ちも楽になるでしょう。要するに、個人の「世間」への感情は、彼の「私」による気の持ちようであることはもちろんですが、同時に、「世間」の代弁者がどのような人で、彼とどのような対人関係にある人か、そしてどのように「世間」の意向や状態を伝えるかにも関わっているのです。

3　お互いに働きかけたり、働きかけられたり――影響の交錯

個人の日常生活の中で、なぜ、「世間」が問題になるのでしょうか？　もっと言えば、なぜ本書がいまの時代に、わざわざ「世間」を取り上げるのでしょうか？　江戸と比べれば明治、そして、明治と比べれば大正、昭和、さらに、昭和の初期などと比べれば平成の現代では、はるかに「世間」という用語で社会時評を行うことは激減しているでしょう。しかし、現代でもいわゆる世の中の風潮とか、世論とか呼ばれているものの内容は、まさに昔ながらの「世間の常識」や「世間の目」などと同じことのように思われます。テレビやインターネットで不特定多数の人々の意見や行動などが「世間」の

代弁者となって飛び交い、「世間」の影響が国際関係にも、政治の世界にも、そして個人の生活にもおよんでいるのです。

影響力の効果を高める原理

影響の中身は多様です。AとBとの相互の影響といった場合、Aには全くその意図がなくても、Bが一方的にAの意見から影響を受けて、その意見に同調するというようなことも無論日常茶飯事でしょうが、Aが意図的にBに影響を与えようとするならば、それは具体的には示唆、例示、指示、教示、指導、命令、依頼、説得など、実に様々な形を取り得るのです。たとえば、先に触れたようにチャルディーニ[41]は説得の技法について、実験例を挙げながら、成功させるための心理学的原理を述べています（第4章第3節）。

その一つは「返報性（reciprocity）」です。先になにか好意的行為を提供されると、人々は借りがあるような気分になり、何がしかのお返しをしなければという心境になるので、相手に特定の行動を取らせたいと思えば、同様の行為を先に相手に提供すればよいというわけです。二つ目は「整合性（consistency）」です。勧められてよくわからぬままに競馬の馬券を少し買った人が、自身が賭けた馬の勝利を願う気持ちが一気に強まり、声をからして声援したりするのは、代償を払ったこととの一貫性を保ちたいからです。三つ目は「社会的是認（social approval）」です。周りの人たちが揃って支持していることは、そのことの正当性・妥当性などの「社会的根拠」となると考えることです。子どもが親から「なんでそんなものがほしいの？」と聞かれて、「だって、クラスのみんなが持ってるんだもの」と答えるのもこれでしょう。四つ目は「希少価値（rarity）」で、品物を売るときに、「あと三つで売り切れだよ」と怒鳴るとたちまち売れてしまうでしょう。もっとも、S・S・ブレームとJ・W・ブレーム[74]による「心理的反発（psychological reactance）」という理論によると、自らの主体的判断の余地を相手から制限されると、確保していた自由領域を侵犯されることへの反発がかえって強まり、その制限に抵抗する傾向があると言われています。「どうせ残り物を早く売りたがっているんだから、もっとたくさんの品があるときに、気に入ったものをゆっくり選ぶよ」という気分になるのでしょう。これらのほかにも、伝え手の権威（専門、熟練、権力など）の有無とか、伝え手の魅力（好意、人格、外観など）も影響力の効果を高めるようです。

影響力の原理の交錯

このような影響力の原理については、先に触れた自己制御における自己消耗理論（第5章第3節）を当てはめてみると、「他者」から影響力を行使されて、それに対応するために一たび自己制御をすれば、そのエネルギーを消耗して、回復には若干の時間が必要ということになるのです。息子に向かって母親が、「お前ね、その頭の髪の毛の色、もう少しなんとかできないかね。もとの黒髪にしろとまでは言わないけどさ。世間体が悪いからね」と穏やかに言ったのです。息子は日ごろは母親などは軽く見て、なにを言われても無視していたのですが、珍しく母親が真剣に忠告してくれたと思い、頭髪を黒に近い色に直したのでした。そのようないきさつを知らなかった父親が、その直後に息子に、「お前もいよいよ社会人として世間から認められるのだから、服装にもう少し気を配れや」と言いました。息子は日ごろ、親父の人格や識見に一目置いていたので、普段ならすぐに「背広でも買ってくれればちゃんと着るよ」と返事するところなのですが、自己消耗理論によれば、すでに大変な努力をして母親の忠告を受け容れたばかりの息子は、自己規制後で消耗していたので、父親の忠告に対して「うるせーな。ほっといてくれ！」と叫ぶことになるのです。他方、前述のチャルディーニ流の原理から言えば、息子は軽んじている母親からの影響よりも、日ごろ一目置いている父親からの影響を受け容れるであろうと予想されます。いずれの理論からの予測が当てはまるかは、多分、その場における状況によるでしょう。その上、このような心理学の理論による効果の予測が交錯するのみでなく、母親からの影響と父親からの影響の試みとが息子の心理の中で交錯し、母親の描く「世間体」と父親が言う社会人として認めてくれる「世間」からの影響とが内容的にも交錯するのです。

「他者」から「他者」へのつながり

ところで、「私」と「世間」との影響関係といった場合、実際には、影響の受け手（「自己」）に対して「世間」を伝えているいわゆる「他者」もまた、「世間」からの影響を受けている個人（その「他者」の「私」と「自己」を含む）なのです。代弁者である「他者」も、個人として「世間」の意向を理解しなければ、主体である当面の個人（「私」・「自己」）に「世間」を伝えることができません。

もちろん、この場合の代弁者が理解したと思っている「世間」の意向が、その「世間」を構成している多くの人々の意向とイコールであるとは限りませんが、とにかく、彼もまた、彼にとっての「他者」から「世間」の意向を伝えられているのです。このような「世間」の意向の伝達経路を丹念にたどっていけば、「世間」の本体にたどり着けるでしょうか？　この点については筆者は全く否定的であり、諦めています。なぜなら、たびたび述べてきたように、「世間」には実体がないのですから、その原点などは求めようもないのです。それでいながら、多くの人たちが具体的にこれこれが「世間」の常識なのだと主張したり、「お前は世間知らずだ」などと言い、特定の内容を開陳するのです。「世間」には実体はないのに、「私」（「自己」）への影響は具体的な内容を持って、実態として働きかけてくるのです。その「世間」の持つ影響力をも否定する人たちが現代はずいぶんと増えてきているのですが、その人たちも、仲間の多くの意見は気になるでしょうし、いわゆる世論とか、マス・メディアの論調を無視できないのです。孤独とか独立を求めている人も、世間圧を感知すればこそ、抵抗するのです。自殺をするのでさえ、仲間を募って集団自殺を試みたりするのでしょう。

個人と「世間」との影響関係は、動機的（意思や欲求など）影響の交錯を体験するのです。「世間」の代弁者を自認する多くの人たち（「他者」）が、理解した範囲での「世間」を受け手の「自己」にそれぞれ伝達するのですし、しかも受け手は錯綜した「世間」の中から都合のよい「世間」を抜き取って次の受け手へと伝えていくのですから、現代のように伝達経路が複雑でしかも迅速な社会では、多様な「世間」が成立することになっているのではないでしょうか。

第9章　それぞれの立場に期待されていること——心理的役割関係

最後に、いままで縷々述べてきたことと重複することも多いかとも思いますが、個人内での「私」とその代理人である「自己」との相互に果たしている役割と、社会生活場面における「世間」とその代弁者である「他者」との相互に果たしている役割とについて、整理しておきたいと思います。そして、「私」と「世間」と、その両者の関係を取り持つ実体的存在である「自己」と「他者」を一体と見て、それを含めた三者の三人四脚的「役割関係」を描いてみたいと思います。

なお、一般には、役割といえば、社会組織内での地位や立場に伴う行動様式、あるいはそのポジションに期待されている行動様式を指すので、多くの場合はそのような社会的役割を意味しているようです。ここでも、もちろん、役割には社会的ニュアンスを含めてはいるのですが、同時に心理的に相互に果たしているというか、期待されている行動様式の上での関係に着目していきます。

1　個人の中での「私」と「自己」とのお互いの役割

本書では、いままで（第2章第3節などで）、個人における心理・社会的機能については、「私」と

「自己」とを分離させると同時に、極めて密接な個人としての一体性も認めてきました。しかし、現在の社会心理学における自己研究では、「自己」は本書で個人と表現したものに近い内容を含んでおり、ジェームスの言う総体的自己の現代版のように用いられているように思われます。

ところで、従来から、社会の中でも、「世間」という言葉は個人にとっての負の圧力のニュアンスを強く含んで用いられてきました。多数の力を背景にして、個人に「世間の決まり」を強要したり、「世間知らず」と排斥したりするので、個人の側も心ならずも「世間体」だけを取り繕っておくことになります。しかし、個人の側にも、「世間」に対しての主体的立場があるのであって、盲目的に無思慮に「世間」を受け容れるのではなく、双方の主張の合理的な接点を探ることを求められるのです。その意味で、本書では、特に個人における社会生活場面での主体的機能に注目した結果として、主体的役割を担当するものとしての「私」の存在を強調してきました。そして、「私」によって外部に表出され、外部と接触する役割を担当している個人の具体的状態や機能を、一括して「自己」と呼びました。個体としての個人は、実体としての肉体を持ち、実体として生物・生理的に存在しているのですが、そこでの心理・社会的な側面について思考し、判断し、決定する働きを主体的に担当している機能を、個人の中から「私」として抽出してみたのです。他方、本書で「自己」と呼ぶものは、その「私」の意向を代理人として具体化するのと同時に、外界との接触の窓口であり、また、実体を伴った個人的存在として機能しているのです。「自己」はまさに、対外的には「私」の「代理人」なのです。代理人は単に、主体である「私」が描いた自身の姿や、主体に対しての客体である状態にとどまっているのではなくて、外部からの働きかけを受け取り、主体に伝達したり、主体の代理として外部と交流したりもしているのです。

2　社会生活場面の中での「世間」と「他者」とのお互いの役割

社会生活場面において「世間」と名づけられているものは、実際には個々の人々がそれぞれその存在を感知して、その内容を各個人なりに描いている構成概念なのであって、その実体はとらえようもないもののようです。それでいながら、各個人に対しては心理・社会的に様々な形で影響していますその意味で、「世間」は実体的にはとらえようもないのですが、実態的には明瞭にその働きかけの内容や効果はとらえられるのです。個人の意思、意志、言動の方向などに対して、「世間」は承認したり、批判したり、規制したり、排除したりするのです。個人の主体的存在である「私」にとっては、「世間」は世の中一般であり、常識であり、世論であり、ときには道徳にもなるのです。それでいながら、「世間」からのそれらの働きかけを「私」が意識しないとか、意識的に無視する限りは、「世間」からの影響はその個人にとって心理的にも実態的にも存在しません。

しかしながら、「私」が「世間」からの影響を無視しようとしても、それが極めて困難な場合が多いのです。その原因は、「世間」にはその意向を仲介して、受け手である個人（「自己」）に伝達する役目を担ってくれる、言葉を換えれば、「世間」の意向の代弁者の役割を果たすものが存在していて、受け手である各個人に積極的に「世間」の意向を伝えようとするからです。本書では、この代弁者の役割を担っているものを、主体である個人にとっての「他者」と名づけました。「他者」は、現実に実体を伴って存在していて、当面の主体である個人にとっては親兄弟、隣人、友人、その他の関係者などであるのみならず、近年は様々なマス・メディアがその役割を担っています。そして、受け手である個人が「世間」からの働きかけに対して十分に反応しないと、「世間では……」などと個人による「世間」への意識を喚起したりもするのです。

ところで、「世間」の意向の代弁者である「他者」は、一体どのようにして「世間」の意向を承知するに至ったのでしょうか？　この点については、前述したように、この代弁者自身も、「世間」からの働きかけの受け手として、別の「他者」を介して「世間」の意向を理解するのだと思われます（第8章第3節）。つまり、何代もの代弁者が、それぞれの立場でその「世間」の意向を理解して次に伝達するのですから、そもそもの根源的な「世間」の意向などというものはとらえようもないのです。

「流言（噂——rumor）」についてのG・W・オルポートら[72]による古典的研究によりますと、人から人へと伝達されると、噂の内容が、あるときは簡略化され特徴のない話になってしまうし、また、別の場合は特定の特徴的内容だけが極端に強調されて伝えられるし、さらに、それぞれの段階での受け手は自らの常識や規範に整合するように歪曲して受け取り、次に伝えていく傾向があるというのです。

社会に出る息子に父親が、「お前もいよいよ社会人になるのだから、自己中心でなく、社会の中での生活をよく考えないと、世間から爪弾きにされるぞ」と訓戒を垂れれば、母親は、「もう学生ではないのだから、そんなだらしのない格好をやめて、きちんと背広でも着なさいよ。世間体が悪くてしょうがない」と嘆くでしょう。両親がそれぞれ、息子と「世間」との関係を心配しているのですが、父親は自らも企業勤めの社会人ですから、企業社会の価値観に基づいて「世間」の意向を解釈し、母親は隣近所の「世間」との交流経験で、身だしなみの観点から「世間」の意向をとらえて、それぞれが「世間」の代弁者となって息子に「世間」の意向を伝えているのです。

3　「自己」と「他者」とが取り持つ「私」と「世間」との交わりの環

三人四脚関係

本書では、いままでたびたび「私」と「世間」との心理的交流は、「自己」と「他者」とを媒介として成立しているのではないかと述べてきました。この場合、「世間」の意向は代弁者である「他者」の仲介によって個人に伝達されるのだということは、比較的容易に理解していただけると思うのですが、受け手である個人の場合、「他者」からの意向はまず「自己」に伝えられ、「自己」を介して「私」が受け取るという図式は、一般には理解しがたい流れかもしれません。この点については、第1節で先述したように、「世間」に対する個人の主体性を強調したいので、敢えて主体性の担い手である「私」とその代理人としての「自己」の存在を仮定してみたのです。そして、「私」と「世間」との心理的交流のループは、「私」の代理人の「自己」と「世間」の代弁者の「他者」という仲介役を挟んで成り立っているのではないかと考えています。このループの中で、「自己」と「他者」とを仲介的存在として一括してとらえてみると、主体である「私」にとっては、一方ではその意向も言動も背負って外部との接触を代行してくれるものであり、他方では働きかけの根源と思われる「世間」の意向を「私」へと伝達する役目も果たしているのです。これを「私」と、仲介役としての「自己」と「他者」と、「世間」との三者（三役）関係としてとらえてみました。ただし、人々が実際に耳目に収めることのできる表面的現象は実体を伴う「自己」と「他者」との交流場面なので、前述のような形の三者関係を実体的には描きにくいのですが、心理・社会的な実態（具体的な働きかけというかその影響の存在）としてとらえています。このような心理・社会的な三者関係は、比喩的に表現すると「私」と「世間」との「三人四脚」（実際に脚があるのは「自己」と「他者」だけなので）とも言えるでしょう。

緩衝役としての「自己」と「他者」

「私」と「世間」との交流関係においては、その仲介役のうち、「自己」も「他者」も具体的に実体を伴った存在です。「他者」は、その存在が一般に認められている「世間」のその時点での心理・社会的機能を「自己」に対して発揮し、さらには、「自己」を介して「私」が示す「世間」への対応ぶりを受け取って、「世間」に伝えています。そして、この際、「他者」が対応している「自己」は、その「他者」から見れば具体的実体を伴った「私」の姿として受け取られているのですが、「私」から見れば「世間」の代弁者である「他者」と直接交流している「私」自身の姿としてとらえられているのです。ですから、「世間」の代弁者である「他者」にとっては、「私」は直接交流可能な相手として受け取られていても、実際は「私」にとっては「世間」からの作用は、自らの代理人である「自己」と「世間」の代弁者である「他者」という二つの仲介者を経ておよんできます。したがって、「私」は「世間」の荒波を直接浴びるのではなくて、心理的にはある程度ゆとりを持って受け取ることができるはずなのです。「他者」から「世間」の意向を受け取った段階で、それがいわゆる「世間」の意向の代表的なものなのかどうかを検討する余地もあれば、「他者」からの意向それにどのように対応すべきかを考慮して適宜表出する「自己」を修正するゆとりもあるのです。その意味で、「私」は「世間」からの作用に対して、「自己」と「他者」とを緩衝役として主体性を持って対応できるでしょうから、筆者はいわゆる村八分のような日本的「世間」の弊害も克服可能なのだと信じています。

代弁者が伝えるのは本当に「世間」の意向か？

ところで、これもすでに触れたことですが（第8章第3節、第9章第2節）、「世間」の代弁者としての役割を担っている「他者」にとって、その他者自体の「私」は「世間」に対してはどのように対応しているのでしょうか？　彼の「私」にとって、「世間」の代弁者である「他者」から伝えられる「世間」の意向が常識であり、道徳として受け取られているのならば、今度は彼自身がほかの人に対して「世間」の代弁者の役割を果たす場合、その伝達は自信と信念をもって迫力あるものになるでしょう。伝達効果も上がるでしょう。要するに、彼自身が心理的に「世間」の一員なのです。他方、彼自身が伝えられた「世間」の意向に懐疑的であったり、十分理解もせずに、確たる自信もないままに、「世間」への気兼ねから代弁者の役割を果たすことになると、論理的裏づけもなく、事実的根拠もないままに、「世間」の意向を振り回すことになり、かえって受け手である個人には（「自己」を介して「私」には）反発とか反論の余地を与えてしまうでしょう。ここでの彼は「世間」の代弁者というよりは単なる伝達者に過ぎないのです。

Aさんが B さんの日常の言動に感情的な不快を覚えていて、さしたる根拠も持たないままに、Bさんに対して「君のやっていることは世間の決まりから外れているぞ」と叫ぶ場合、Aさんは急遽「世間」の代弁者になったのであり、ここで持ち出された「世間」は、Aさんによって都合よく描かれたものに過ぎません。「世間」概念の最大の問題点は、各代弁者によって都合よく描かれてしまうことにあるのではないでしょうか。

このように考えてくると、「私」と「世間」との心理的交流のあり方にとっては、それぞれ実体を伴う存在である「自己」と「他者」との心理・社会的関係、特に対人関係が、たいへん重みを持っていることが理解されるでしょう。日常、両者が心理的に親しい関係にあるとか、相互に信頼したり尊敬したりしているとか、毛嫌いしていたり、軽蔑し合っていたり、さらには社会的に立場上の上下関係が明確であったり、一方が他方に強い勢力を保持していたりすれば、伝達される「世間」の意向の持つ合理性や正当性などのいかんにかかわらず、その働きかけの影響力は決定的に左右されてしまうでしょう。

「世間」からの影響

しかしながら、このように言ってしまうと、「世間」の問題はどこかに飛んでしまい、ただの「対人関係（interpersonal relationship）」や「マス・メディア」の効果の話になってしまいます。やはり、「世間」の意向は単なる代弁者としての「他者」の意向ではなくて、その背後に、その内容の巨大な支持者の層（世の中一般であったり、世論の動向）の存在を思わせるのです。しかも、ただ、そのような多数に支持されている意向が存在しているだけではなくて、その意向への賛否のいかんを厳しく評定したり、同調を求めて規制力が発揮されたり、さらには、受容したり排除したりもするのです。「世間」から個人への働きかけは、社会による影響よりは身近で直接的ですが、対人関係や集団場面での影響よりは抽象性が高いのが特徴です。

一〇〇年や二〇〇年以前と比べれば、現代の社会生活場面では、「世間」という言葉が用いられることは極めて少なくなっていることは事実なのですが、それは、ただその「世間」という表現を避けているだけで、現代にいわゆる世間現象が生じなくなったわけではないように思われます。国際関係や政治の場面、企業の営業方針、個人の日常の社会生活などで、「周りがそのように言っているから」と言われているのは、要するにそれぞれが描いている「世間」の動向であり、その働きなのではないでしょうか。たしかに、「世間」は細分化され多様化してきているのは事実でしょうが、それぞれに成立している個人内の「私」と社会生活場面内での「世間」との交流は、「私」の代理人である「自己」と「世間」の代弁者である「他者」との仲介を経て、厳然と「私」にも「世間」にも影響しているように思えるのですが、いかがでしょう?

これからのこと

いままで本書で述べてきたことは、小説や新聞紙上で触れられたいわゆる「世間観」であり「世間感」であるものを材料に、従来の「社会心理学」や「集団心理学」、さらには「対人関係あるいは対人行動心理学」と呼ばれる領域における理論や調査、ないしは実験研究のほんの一部のものと、「世間」とのかかわりの有無を模索したものでした。その結果、「世間」のためにも、また、いわゆる社会心理学的研究のためにも、世間現象を正面に据えた「世間心理学」と呼び得るような研究領域を開拓することがムダではないと思い、かつ、感じている今日この頃です。現代でも「世間」は消えていないのです。

そこで、本書の執筆を終えるに当たって、「世間」に対する個人の主体性のあり方について、また「世間」についての心理学的関心からの研究の課題について、筆者の希望を述べてみましょう。

「世間」への個人の主体的対応についての希望

・個人は、それぞれが準拠する「世間」を持つことで、いわゆる社会からの遊離、孤立、孤独などの生起を防止してほしい。

・「他者」が描く「世間」との同調、反発、無視などの関係の成立には、各個人がその意義や功罪などを考慮して主体的に対応してほしい。
・個人の「私」は、自らの代理人である「自己」と「世間」の代弁者である「他者」との、対人関係を調整する努力を欠かさないでほしい。
・要するに、「世間」との心理・社会的関係では、「巻き込まれないが絆を持とう」ということを目指してほしい。

「世間心理学」の今後の研究課題への希望

・「世間」から個人への心理的影響のおよび方とその内容。
・「世間」の代弁者である「他者」の役割。
・個人から見た「世間」の意向の性質・動向。
・個人内の「私」と「自己」とが担う、「世間」との交流における役割。
・「私」と「世間」との心理的交流のループ。
・「世間」からの働きかけ内容についての個人からの対応のあり方。
・要するに、「世間」の心理的働きに注目してほしい。

これらのことを思い描いていますが、幸いなことに、二、三の大学の社会心理学関係のスタッフと大学院生や卒業生の一部の方々が中心となって、「世間心理学研究会」が立ち上げられ、徐々に組織化され、少しずつデータと呼べるものを収集し始めています。それによりますと、現在の多くの大学生たちの世間現象への意識や対応などの特徴も徐々に描かれつつあるようです。これらの実証的研究の成果につきましては、折に触れ、関連学会の大会などで発表しながら、今後、数年のうちにまとめて、出版の機会を得ることができればと熱望しております。

このような努力によって、世間現象の諸様相を心理学的データに基づいて分析し、理解することで、いわゆる世間的影響のおよび方の実態を明らかにすることを目指します。徒に「世間」などは古臭い概念だと無視してしまうのではなく、現実の生活には、たとえ「世間」とは呼ばれていなくても、いわゆる世間的影響がおよんでいることを明らかにしたいのです。そのことによって、「世間」の心理的影響の功罪とそれへの対処法などが明らかにされていくことを待望しながら、わずかな余生を送りたいと思っています。

謝辞　なお、最後になりましたが、本書の執筆に当たっては、「世間心理学研究会」の構成メンバーの皆様、とくに研究会代表の立教大学名誉教授で元立教大学総長の押見輝男さんと、研究会代表幹事の学習院大学教授の外山みどりさんのお二人には、研究のことのみでなく、研究会の運営のことまでたいへんお世話になりました。また、たびたび引用・参考上で一方的にお世話になった先達の皆様、中でも阿部謹也・井上忠司の両先生のご労作には多くのご教示を受けました。ここで改めて御礼を申し上げます。そして、東京大学出版会および編集部の小室まどかさんには、本書出版に至るすべての段階で細部にまでご協力いただきました。すべての方々に感謝の気持ちを込めて御礼申し上げますとともに、残り少ない（多分）これからの生活でも、「世間」と個人とのかかわり合いに目をむけていきたいので、宜しくご協力をお願いいたします。

最後に、余計なことを一言。わが家にはカメが二匹います。本文中でも数回顔を出しましたが、私に甘えて依存的になっているので、私も責任を感じて世話を焼いています。いまや私の生きがいにもなっていますので、これからもこのカメたちと楽しく、亀楽《キラク》に余生を送るつもりでいるのですが……。

八六歳の誕生日を間近にして

中村　陽吉

人名索引

あ行

か行

さ行

た行

な行

は行

ま行

や・ら・わ行

事項索引

た行

な行

は行

ま行

や・ら・わ行

欧文

参考・引用文献一覧

第I部

（1） 阿部謹也（1995）．「世間」とは何か　講談社

（2） 安藤清志（1990）．「自己の姿の表出」の段階．中村陽吉（編）「自己過程」の社会心理学　東京大学出版会　pp.143-198.

（3） 安藤清志・押見輝男（編）（1998）．序文．対人行動学研究シリーズ 6　自己の社会心理　誠信書房

（4） Aronson, E., Wilson, T. D., Akert, R. M. (Eds.) (2005). *Social psychology* (5th ed.). Prentice Hall.

（5） Asch, S. E. (1951). Effects of group pressure upon the modification and distortion of judgments. in H. Guetzkow (Ed.), *Groups, leadership, and men*. Carnegie Press. pp.76-92.

（6） Bem, D. J. (1972). Self-perception theory. in L. Berkowitz (Ed.), *Advances in experimental social psychology* (Vol.6). Academic Press. pp.1-62.

（7） Cooley, C. H. (1902). *Human nature and the social order*. Scribner's.

（8） 大坊郁夫・安藤清志・池田謙一（編）（1989-1990）．社会心理学パースペクティブ1-3　誠信書房

（9） Duval, T. S., & Wicklund, R. A. (1972). *A theory of objective self-awareness*. Academic Press.

（10） Festinger, L. (1950). Informal social communication. *Psychological Review*, **57**, 271-282.

（11） Forsyth, D. R. (1995). *Our social world*. Brooks/Cole.

（12） 井上忠司（2007）．「世間体」の構造——社会心理史への試み　講談社

（13） James, W. (1890). *Principles of psychology*. Henry Holt.

（14） Jones, E. E., & Nisbett, R. E. (1972). The actor and the observer:

Divergent perceptions of the causes of behavior.in E. E. Jones *et al.* (Eds.), *Attribution*. General Learning Press. pp.79-94.
(15) 上瀬由美子（2008）．「自分探し」の背景．下斗米淳（編）自己心理学6　社会心理学へのアプローチ　金子書房　pp.88-100.
(16) 北山忍・唐澤真弓（1995）．自己——文化心理学的視座　実験社会心理学，**35(2)**，133-163.
(17) Markus, H. R. (1977). Self-schemata and processing information about the self. *Journal of Personality & Social Psychology*, **35**, 63-78.
(18) Mead, G. H. (E.W. Morris (Ed.)) (1935). *Mind, self, & society*. University of Chicago Press.（稲葉三千男・滝沢正樹・中野収（訳）（1973）．精神・自我・社会　青木書店）
(19) 中村陽吉（1990）．「自己過程」の4段階．中村陽吉（編）「自己過程」の社会心理学　東京大学出版会　pp.3-20.
(20) 中村陽吉（2006）．新心理学的社会心理学　ブレーン出版
(21) 中根千枝（1967）．タテ社会の人間関係　講談社
(22) 押見輝男（1990）．「自己の姿への注目」の段階．中村陽吉（編）「自己過程」の社会心理学　東京大学出版会　pp.21-66.
(23) 乙川優三郎（2010）．麗しき花実　朝日新聞出版
(24) 酒井潔（2007）．「自我と自己」—— G. W. ライプニッツの形而上学／心理学．「自己カテゴリー」研究会（編）人文叢書4　「自己カテゴリー化」における心理的過程を巡って　学習院大学人文科学研究所　pp.11-24.
(25) 下斗米淳（2008）．社会心理学が自己心理学に果たす役割と研究の展開．下斗米淳（編）自己心理学6　社会心理学へのアプローチ　金子書房　pp.1-8.
(26) 下斗米淳（編）自己心理学6　社会心理学へのアプローチ　金子書房
(27) Snyder, M. (1987). *Public appearances / private realities*. W. H. Freeman.

(28) 田島司（2009）．「本当の自分」の所在．永田良昭・飛田操（編）現代社会を社会心理学で読む　ナカニシヤ出版　pp.2-16.
(29) 外山みどり（1990）．自己の姿の把握の段階．中村陽吉（編）「自己過程」の社会心理学　東京大学出版会　pp.67-110.
(30) 外山みどり・蔵本知子（2007）．自己認知の特殊性と「自己カテゴリー化」――自己記述と他者記述の比較を通して．「自己カテゴリー」研究会（編）人文叢書４　「自己カテゴリー化」における心理的過程を巡って　学習院大学人文科学研究所　pp.48-58.
(31) Turner, R.H. (1968). The self-conception in social interaction. in C. Gordon & K. J. Gergen (Eds.), *The self in social interaction*. John Wiley. pp.93-106.
(32) 和辻哲郎（1935）．風土――人間学的考察　岩波書店
(33) 山口勧（1990）．「自己の姿への評価」の段階．中村陽吉（編）「自己過程」の社会心理学　東京大学出版会　pp.111-142.
(34) 吉川英治（1976）．吉野太夫　講談社

＊１ 古畑和孝（編）（1994）．社会心理学小辞典　有斐閣
＊２ 小島義郎・竹林滋（編）（1984）．ライトハウス和英辞典　研究社
＊３ 小川一夫（監修）（1995）．社会心理学用語辞典（改訂新版）　北大路書房
＊４ 新村出（編）（1976）．広辞苑（第２版補訂版）　岩波書店
＊５ 『朝日新聞』2009年５月23日朝刊文化面「マスク着用と世間の目」
＊６ 『朝日新聞』2009年６月５日朝刊総合面「検察側世間意識し釈放を決断」
＊７ 『朝日新聞』2009年７月１日付夕刊マリオン面「自己を投影した風景画」
＊８ 『朝日新聞』2009年７月７日夕刊１面「世間ゆさぶる反骨の芝居」

第Ⅱ部

(35) 安藤清志（1994）．見せる自分／見せない自分　サイエンス社

(36) Baumeister, R. F. (1998). The self. In D. T. Gilbert, S. T. Fiske, & G. Lindzey (Eds.), *Handbook of social psychology* (4th ed.). McGraw-Hills. pp.680–740.

(37) Baumeister, R. F., Twenge, J. M., & Nuss, C. K. (2002). Effects of social exclusion on cognitive processes: Anticipated aloneness reduces intelligent thought. *Journal of Personality & Social Psychology*, **83**, 817–827.

(38) Baumeister, R. F., & Voh, K. D. (Eds.) (2004). *Handbook of self-regulation: Research, theory, and application*. Guilford Press.

(39) Buss, A. H. (1980). *Self-consciousness and social anxiety*. W. H. Freeman.

(40) Buss, A. H. (1985). *Social behavior and personality*. Lawrence Erlbaum Associates.（大渕憲一（監訳）（1991）．対人行動とパーソナリティ　北大路書房）

(41) Cialdini, R. B. (2001). *Influence: Science and practice* (4th ed.). Allyn & Bacon.（対人行動研究会（訳）（2007）．影響力の武器――なぜ，人は動かされるのか（第２版）　誠信書房）

(42) Coopersmith, S. (1967). *The antecedents of self-esteem*. Freeman.

(43) Deutsch, M., & Gerard, H. B. (1955). A study of normative and informational influence upon individual judgment. *Journal of Abnormal & Social Psychology*, **51**, 629–636.

(44) Festinger, L., Gerard, H. B., Hymovitch, B., Kelley, H. H., & Raven, B. (1952). The influence process in the presence of extreme deviates. *Human Relations*, **5**, 327–346.

(45) Goffman, E. (1959). *The presentation of self in everyday life*. Doubleday.（石黒毅（訳）（1974）．行為と演技　誠信書房）

(46) Higgins, E. T. (1998). Promotion and prevention: Regulatory focus as a motivational principle. in M. P. Zanna (Ed.), *Advances in*

experimental social psychology (Vol.30). Academic Press. pp.1–41.
(47) 本間道子（編著）(2007). 組織性逸脱行為過程　多賀出版
(48) Hovland, C. I., Janis, I. L., & Kelley, H. H. (1953). *Communication and persuasion.* Yale University Press.（辻正三・今井省吾（訳）(1960). コミュニケーションと説得誠信書房）
(49) 柿本敏克 (2001). 社会的アイデンティティ理論；自己カテゴリー化. 山本眞理子・外山みどり・池上知子・遠藤由美・北村英哉・宮本聡介（編）社会的認知ハンドブック　北大路書房　pp.120–125.
(50) 風間文明 (2009). 現代社会の逸脱——不正の一因としての地位と役割システムの変容. 永田良昭・飛田操（編）現代社会を社会心理学で読む　ナカニシヤ出版　pp.171–186.
(51) 今野敏 (2005). 隠蔽捜査新潮社
(52) 工藤力・D. マツモト (1996). 日本人の感情世界——ミステリアスな文化の謎を解く　誠信書房　pp.97–98.
(53) Leary, M. R. (2001). 自尊心のソシオメーター理論. 安藤清志・丹野義彦（訳）臨床社会心理学の進歩——実りあるインターフェイスをめざして　北大路出版　pp.222–248.（原著 R. M. Kowalski & M. R. Leary (1999). *The social psychology of emotional and behavioral problems.* American Psychological Association.）
(54) 松本清張 (1973). 砂の器新潮社　下巻　p.158.
(55) 中村陽吉 (2002).「同調行動」への分類的接近の試み. 対面場面の心理的過程——分類的観点からの接近　ブレーン出版　pp.63–82.
(56) 中村陽吉 (2007).「自己カテゴリー化」とその心理的過程. 中村陽吉（編）「自己過程」の社会心理学　東京大学出版会　pp.25–32.
(57) 押見輝男 (2010). 社会的排斥についての研究ノート——将来の社会的排斥の診断的予言　立教大学心理学研究, **52**, 21–31.
(58) 押見輝男・古賀ひろみ・中江須美子・坂井剛 (2009). 社会心理学における自己コントロールの研究立教大学心理学研究, **51**, 3–18.
(59) Rosenberg, M. (1879). *Conceiving the self.* Basic Books.
(60) Rotter, J. B. (1875). Generalized expectancies for internal

vs. external control of reinforcement. *Psychological Monograph*, **80**, 1−28.

(61) Schachter, S. (1951). Deviation, rejection, and communication. *Journal of Abnormal & Social Psychology*, **46**, 190−207.

(62) Schutz, W. C. (1958). *FIRO: Fundamental Interpersonal Relations Orientation*. Holt, Rinehart & Winston.

(63) 菅原健介（2008）．羞恥心と他者存在．下斗米淳（編）自己心理学 6 社会心理学へのアプローチ 金子書房 pp.10−24.

(64) Tajfel, H., Billig, M. G., Bundy, R. P., & Flament, C. (1971). Social categorization and intergroup behaviour. *European Journal of Experimental Social Psychology*, **1**, 149−178.

(65) Tedeschi, J. T., & Norman, N. (1985). Social power, self-presentation, and the self. in B.R. Schlenker (Ed.), *The self and social life*. McGraw-Hill. pp.293−321.

(66) Tesser, A. (1988). Toward a self-evaluation maintenance model of social behavior. in L. Berkowitz (Ed.), *Advancesin experimental social psychology* (Vol.21). Academic Press. pp.181−227.

(67) Tesser, A., & Smith, J. (1980). Some effects of task relevance and friendship on helping. *Journal of Experimental Social Psychology*, **16**, 582−590.

(68) 外山みどり（2003）．社会的認知．白樫三四郎・外山みどり（編）社会心理学 八千代出版 pp.1−29.

(69) Turner, J. C., & Hogg, M. A. (1987). *Rediscovering the social group: A self-categorization theory*. Basil Blackwell.（蘭千壽・内藤哲雄・磯崎三喜年・遠藤由美（訳）（1995）．社会集団の再発見――自己カテゴリー化理論 誠信書房）

(70) Zanna, M. P., Goethals, G. R., & Hill, J. F. (1975). Evaluating a sex-related ability: Social comparison with similar others and standard setters. *Journal of Experimental Social Psychology*, **11**, 86−93.

(71) Zanna, M. P., & Pack, S. J. (1975). On the self-fulfilling nature of

apparent sex differences in behavior. *Journalof Experimental Social Psychology*, **11**, 583-591.

＊9　『朝日新聞』2009年7月4日朝刊be「サザエさんをさがして“離婚”そして女は去って行った」
＊10　『朝日新聞』2009年9月24日朝刊13面「CM天気図 日本の広告大臣」
＊11　『朝日新聞』2010年3月4日朝刊オピニオン面「私の視点 国母和宏選手へ」

第Ⅲ部

(72)　Allport, G. W., & Postman, L. J. (1947). *The psychology of rumor.* Henry Holt.（南博（訳）(1952)．デマの心理学　岩波書店）
(73)　Berscheid, E., & Peplau, A. (2004). Relationship science: A causal and somewhat selective review. in H.T. Reis & C.E. Rusbult (Eds.), *Close relationships*. Psychology Press. pp.1-20.
(74)　Brehm, S. S., & Brehm, J. W. (1981). *A theory of psychological reactance: A theory of freedom and control.* Academic Press.
(75)　中村陽吉 (1991)．呼べばくる亀――亀，心理学に出会う　誠信書房
(76)　鈴木康平 (2000)．学校における「いじめ」の心理　ナカニシヤ出版

著者紹介

中村陽吉（なかむら ひよし）

1925年　東京生まれ.
1947年　東京帝国大学文学部心理学科卒業.
東京都立大学人文学部助教授，東京女子大学文理学部教授，学習院大学文学部教授を歴任.
1996年　退職.
日本グループダイナミックス学会名誉会員．博士（心理学）.
主著：『新心理学的社会心理学』（ブレーン出版，2006年），『対面場面の心理的過程』（ブレーン出版，2002年），『「自己過程」の社会心理学』（編，東京大学出版会，1990年），『対人場面の心理』（東京大学出版会，1983年）ほか.

世間心理学ことはじめ

2011年8月1日　初　版

［検印廃止］

著　者　中村陽吉

発行所　財団法人　東京大学出版会

代表者　渡辺　浩

113-8654 東京都文京区本郷 7-3-1 東大構内
http://www.utp.or.jp/
電話　03-3811-8814　Fax　03-3812-6958
振替　00160-6-59964

印刷所　株式会社暁印刷
製本所　矢嶋製本株式会社

ISBN 978-4-13-011133-1　Printed in Japan